世界金奖级插画艺术家系列

迪克·布鲁纳

世界金奖级插画艺术家系列

迪克·布鲁纳

[英] 拉莫娜·赖希尔　 [英] 布鲁斯·英格曼　著　王语微　译

北 京 出 版 集 团
北京美术摄影出版社

封面 《飞行员叔叔》，出自《米菲去飞行》，1970 年
封底 工作中的迪克·布鲁纳，由费里·安德烈·德·拉·波特所摄，梅西斯出版公司（Mercis bv）版权所有
卷首插画 自画像，1991 年
上图 《米菲在美术馆》，1997 年
第 112 页图 丝网印刷，2002 年

Dick Bruna Published by arrangement with Thames & Hudson Ltd, London
Dick Bruna © 2020 Thames & Hudson Ltd, London
Text © 2020 Bruce Ingman
Illustrations Dick Bruna © copyright Mercis bv, 1953–2020
BLACK BEAR © copyright Dick Bruna
Publication licensed by Mercis Publishing bv, Amsterdam
Designed by Therese Vandling
This edition first published in China in 2020 by BPG Artmedia (Beijing) Co., Ltd, Beijing
Chinese edition © 2020 BPG Artmedia (Beijing) Co., Ltd

图书在版编目（CIP）数据

迪克·布鲁纳／（英）拉莫娜·赖希尔，（英）布鲁斯·英格曼著；王语微译. — 北京：北京美术摄影出版社，2020.12
（世界金奖级插画艺术家系列）
书名原文：Dick Bruna
ISBN 978-7-5592-0344-1

Ⅰ. ①迪⋯ Ⅱ. ①拉⋯ ②布⋯ ③王⋯ Ⅲ. ①迪克·布鲁纳—生平事迹②插图（绘画）—作品集—荷兰—现代 Ⅳ. ①K835.635.72②J238.5

中国版本图书馆CIP数据核字（2020）第097031号
北京市版权局著作权合同登记号：01-2020-1453

责任编辑：王心源
执行编辑：李　梓
责任印制：彭军芳

世界金奖级插画艺术家系列
迪克·布鲁纳
DIKE·BULUNA

［英］拉莫娜·赖希尔　［英］布鲁斯·英格曼　著　王语微　译

出　　版　北京出版集团
　　　　　北京美术摄影出版社
地　　址　北京北三环中路6号
邮　　编　100120
网　　址　www.bph.com.cn
总 发 行　北京出版集团
发　　行　京版北美（北京）文化艺术传媒有限公司
经　　销　新华书店
印　　刷　鹤山雅图仕印刷有限公司
版 印 次　2020年12月第1版第1次　2022年8月第2次印刷
开　　本　787毫米×1092毫米　1/16
印　　张　7
字　　数　128千字
书　　号　ISBN 978-7-5592-0344-1
定　　价　98.00元
如有印装质量问题，由本社负责调换
质量监督电话　010-58572393

目录

简介

1955年夏天，迪克·布鲁纳（Dick Bruna）、他的妻子伊雷妮（Irene）及他们一岁的儿子谢尔克（Sierk）前往海边度假——这是他们第一次家庭度假。他们在荷兰北部的小镇滨海艾格蒙特（Egmond ann Zee）租了一间面朝大海带花园的小房子。在一个风景如画的日子，一家人看见一只小兔子钻进了沙丘之中。不久以后，这只兔子成为谢尔克睡前故事的主角，被无数次地提及。不仅如此，在他们结束度假回家之后不久，布鲁纳便为自己的儿子画下了一只小兔子。"因为我是一名画家，所以我觉得尝试用画笔来描绘这只兔子是个不错的主意。"[1]

每个故事都有一个开始，而这，就是米菲的开始。然而这并非布鲁纳艺术创作的开端——在此之前，他已经是一名有抱负的艺术家和平面设计师，他曾于1953年出版了自己的作品——《苹果》。事实上，迪克·布鲁纳的书画生涯始于他出生的那一天——他出生于一个十分成功的荷兰出版商家庭。他对艺术的热爱，以及对成为一名艺术家的渴望，贯穿其一生。

如今，他的书籍、插画、封面和海报在不同国家和地区展出；人们总会在世界某个地方看到布鲁纳的作品展。他被认为是荷兰历史上最伟大的艺术家之一，他的地位与约翰内斯·弗美尔和皮特·蒙德里安并驾齐驱。他被誉为"线条清晰的英雄"，他的作品被翻译的次数在荷兰作家中，仅次于安妮·弗朗克。在乌特勒支（Utrecht）的中央博物馆中，一间以1：1比例制作的布鲁纳工作室的复制品在此永久展出。在街道的对面，米菲拥有自己的专属博物馆，这家博物馆的收入还用于赞助"世界最佳儿童博物馆奖"。截至2017年布鲁纳逝世之时，他所著的32本米菲主题的作品在85个国家和地区被翻译成50多种语言，并催生出一个衍生产业，包括电视节目、舞台音乐剧和高达数百万英镑的周边商品销售业务。

好了，让我们回到故事的开始……

出生与早年生活

　　1927年8月23日，布鲁纳出生于荷兰中部城市乌特勒支。他的母亲是乔安娜·克拉拉·夏洛特·埃德布林克；他的父亲是阿尔贝特·威廉·布鲁纳（后文简称阿布斯·布鲁纳）。他的教名亨德里克·马格达莱努斯·布鲁纳则来自于他的祖父。也许冥冥之中命运有所安排，他出生的这一年恰逢中国十二生肖中的兔年。此时，他的父亲成功地经营着自家的"布鲁纳出版公司"，这家公司由迪克·布鲁纳的曾祖父创办于1868年。到了世纪之交时，他们几乎在荷兰的每一个火车站都开设了自己的售书亭。作

右图
布鲁纳，18个月，与他的母亲

为家中长子，布鲁纳顺理成章地从同为长子的父亲手中继承了这一家族产业。当然，对他父亲来说，出版事业不仅是他的命运，也是他的职责所在——这是家族的传统。布鲁纳自幼便十分清楚这一点，然而这并未阻碍他思考一些别的事情。

婴儿时期的布鲁纳是一个安静而胖乎乎的孩子，人们亲切地称呼他为迪克（Dik）或是迪其（Dikkie），这在荷兰语中是小胖墩的意思。由于他的双脚患有先天性马蹄内翻症，所以需要接受治疗。他也因此得到了额外的关爱。由于不得不长时间地静坐，他学会了通过安静地阅读和做白日梦来让自己快乐——这成为一项他永远不会失去的技能。

1931年，布鲁纳的弟弟弗雷德里克·亨德里克·弗里茨出生了。不久之后，一家人搬到了位于乌特勒支以东的广受富裕家庭青睐的小镇宰斯特的一栋大房子里。对布鲁纳兄弟而言，这里的生活犹如田园诗一般。这里有一间游戏室和一个避暑的房子，还有一座花园，花园里可以看见自由自在的鸡、兔子、狗，以及兴奋的山羊。当夏天来临，布鲁纳兄弟在玩具车中玩耍，还被允许乘坐山羊推车——母亲在一旁奔跑着紧紧跟随并保护着他们。到了冬天，他们在自制的溜冰场上学习滑冰，母亲甚至为他们搭建了临时的滑雪道。他们的祖父母家位于附近的一个叫博世恩丁的富饶林地上,那里也有一个巨大的游乐场,里面也住着许多的动物,其中包括一只具有传奇色彩的大白兔。如果这些场景对于米菲的读者们来说十分熟悉,那么一定是这只大白兔的缘故。米菲便生活在这样的世界——它与布鲁纳兄弟身处的世界一样美好。

布鲁纳兄弟在宰斯特的生活也被音乐和书籍所填满。在钢琴课上,他们可以听广播及留声机所播放的各种音乐。布鲁纳对

右图
5岁的布鲁纳

法国香颂产生了浓厚的兴趣，这份热情伴随了他的一生，他几乎不听其他音乐。作家和平面设计师们定期来家里做客，两个小男孩儿耳濡目染地听到了许多故事。几乎所有类型的书籍布鲁纳都喜欢，从诗歌到冒险故事。他尤其喜欢荷兰的英雄故事，还有让·德·布伦霍夫所创作的小象巴巴尔的故事，以及当时在中学生中秘密流传的让人不禁皱眉的漫画。

这是一个开明的新教家庭，这是一段充满自由、安全感和文化教育的童年生活。尽管当时整个欧洲的政治局势开始加剧紧张，许多人遭受着全球经济大萧条的困苦，但宰斯特的天空仍然晴朗。在布鲁纳的记忆中，那里的生活总是充满荣光。[2]

在6岁那年，布鲁纳开始在赫恩霍特学校读书。这是一所莫拉维亚教会学校，布鲁纳的父母之所以选择它并非出于宗教信仰，而是因为它离家很近。在这里，布鲁纳接触到一些圣经故事，这些桥段为他所创作的《诺亚方舟》和《圣诞节》提供了重要素材。然而这所学校却没有令他印象深刻的悉心教育。

> 他的艺术创作基础在小学时期就奠定了。迪克身材很小，喜欢绘画，擅长荷兰语，还为其他同学代写过论文和书信。不过他是个很安静的孩子，喜欢独自一人，可以自娱自乐几个小时。这一点，在他的一生之中都未曾改变。他会独自在工作室里待几个小时，而他绘画时所采用的技艺似乎直接来自于小学美术课。[3]

1940年，布鲁纳随家人搬到附近的一个城镇比尔托芬，并进入新学园学校就读。在这间学校，他学会了演奏手风琴。父亲从巴黎带回一些乐谱，他开始按照乐谱为家人们演奏。他的观众还包括一些从巴黎来的著名歌手，特别是查尔斯·特雷内。长大后，变得更加腼腆的布鲁纳回首往事时，对当时表现出的自信感到惊讶："我当时竟然敢这么做！"[4]布鲁纳在自家的书架上发现了有关伦勃朗和凡·高的书，他回忆起自己曾一遍又一遍地阅读这些书，"我想我大概读了五六次"。[5]

战争年代

　　1940年5月，德国对荷兰和比利时发动了进攻。荷兰数十年来所奉行的中立主义就此终结。然而，直到1943年，德国军队没收了布鲁纳一家在比尔托芬的房产，这场席卷欧洲的战乱对他们家产生了影响。正值40岁的父亲和年满16岁的儿子，面临着随时被德国军队强行征兵的危险。因此，一家人决定前往他们的避暑之地躲藏起来。这间避暑度假屋坐落于雷赫特湖湖畔，阿姆斯特丹以南的诸条河流在此交汇。这间小屋成为青春期的少年们梦想中的理想场所，布鲁纳性格中浪漫的一面也正是在此处萌发的。

　　对于布鲁纳而言，这种新生活并无任何困苦。恰恰相反，它为写作、素描、绘画、作曲及弹奏他的手风琴提供了大量的时间，而最美妙的是他有了更多自由幻想的时间："……我们度过了愉悦的时光。我已经开始孜孜不倦地创作各种手绘了：我在任何触手可及的纸张上作画。"[6]他甚至连废弃的木头也不放过，那些破旧的门框和架子非常适合他绘制山水画。

赖因·范洛伊是儿童读物插画家，以荷兰版的插画作品《绿野仙踪》和《格列佛游记》而著名，他还是为阿布斯·布鲁纳工作的书籍封面设计师，他经常来家中拜访并带着布鲁纳去湖上画画。他们在小划艇上勾勒出周围的世界，然后等布鲁纳回到家，再将这些手绘添上油彩。有时候，他们将这些创作完成的作品交给附近的农民，以换取糖或是黄油等战时稀有商品。

然而，当他们受到德军突袭的威胁时，这位爱幻想的少年常常从窗边被拖走——这是他最喜欢的进行奇思妙想的地点。相较于爬进满是蜘蛛的小橱柜而被黑暗所笼罩的恐惧而言，德军的威胁并不那么可怕。

父子之间常常发生冲突。父亲对布鲁纳未来的想法根深蒂固，认为布鲁纳作为长子必须肩负起接管企业的责任；而布鲁纳却除了写作和绘画外，并无任何其他计划。

布鲁纳对父亲的行为感到困惑：他无法分辨眼前的究竟是一个保护欲过强的父亲，还是一位追名逐利的商人。他未曾觉得自己受到了德军的威胁，而只感受到来自父亲霸道的威胁。相反，阿布斯·布鲁纳担心的是家人的安危及家族的生存（在战争

左图
布鲁纳一家的避暑度假屋窗外及周边的雷赫特湖风景

年代，荷兰出版业遭受了德国审查制度和造纸业危机的严重影响）。几年后，布鲁纳在有了自己的孩子之后，对父亲有了更深入的了解（尽管他从未尝试过将自己的雄心壮志强加给自己的孩子）。他意识到自己一直在反抗父亲所代表的一切，虽然这与他想要的未来大相径庭。当时，他所能看到的只是一个善良而充满爱心的母亲，她一手创造了一个生机勃勃的家，永远孜孜不倦地陪伴着孩子们唱歌和玩耍；以及一个喋喋不休且争吵不断的父亲。更为糟糕的是，他发现父亲对母亲不忠。

布鲁纳为母亲创作了一个名为《贾皮》的故事，描绘的正是这种情绪的被动。这是一个童话故事，讲述了一个可怜的孩子通过演奏手风琴为病中的母亲挣钱。当这个孩子的父母死后，他被邪恶的叔叔和婶婶收养。后来，他逃了出来，并被一个老农夫的妻子和女儿所救。这是一个关于战争、爱情及亲情的故事，布鲁纳后来将其形容为"感伤而具有理想主义色彩，在当时，这个故事占据了我的所有思想"，这个故事拥有一个圆满的结局。[7]书中的笔墨插画使人联想到荷兰画家、插画家安东·皮克和插画家乔·施皮尔，他们作品的风格都是典型的童话故事。尽管该书从

右图
描绘小划艇的早期作品，1943年

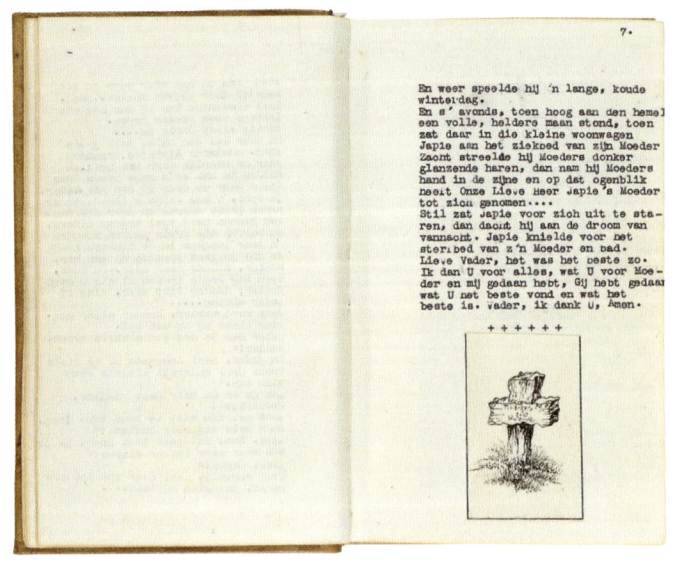

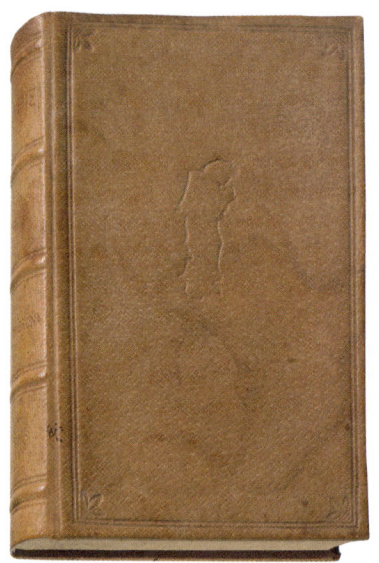

未公开出版过，但原始的皮革装订版本仍然存在，并且很好地体
现出这个爱沉思的少年敏锐的洞察力。

伦敦和巴黎

　　1945年，盟军（译者注：第二次世界大战期间的同盟国军
队）将荷兰全部解放。布鲁纳一家结束了东躲西藏的生活，搬到
一个交通繁忙的大城镇希尔弗萨姆。那些躲躲藏藏的岁月为布鲁
纳探索自己的创作兴趣和实现自我教育提供了自由，他确定自己
志在书写和绘画。起初，他虽然勉为其难地同意去当地学校读
书，但是很难将它当成一项日常任务来适应。"尽管这其实是一
个很不错的班级，两个男孩儿和两个女孩儿，他们都很随和友
善，然而我就是没办法应付。"[8]尽管布鲁纳的父亲明白他"不
想再与学校的课桌打交道"[9]，但彼此坚决不妥协。在布鲁纳第一
次为布鲁纳出版公司设计图书封面之后，他的父亲对他进行了系
统的出版业务教育。这个封面是为印度尼西亚作家阿诺尔德·克
莱克斯《安妮·玛丽》一书所设计的。这是一幅柔和而大气的插
画，它的气质与布鲁纳在战时藏匿年代所创作的作品非常相似，

画面的顶部是淡蓝色的风景。布鲁纳的职业生涯始于在乌特勒支的布勒泽书店的一份工作。其后，他在伦敦的史密斯新闻通讯社和巴黎的普隆出版社经历了长达两年的实习生涯。

阿布斯·布鲁纳固执地认为出版是家族生意，而艺术不过是儿子利用自己的空余时间所追求的兴趣爱好。这位商人没有察觉的是：他正在将自己的儿子送往一场艺术之旅，这场旅行彻底激发了儿子对艺术的狂热之情。

布鲁纳吸收了艺术世界所提供给他的一切。"我真的一整天都忙于辗转在各个画廊之间。"[10]他接触到了现代艺术。"我第一次见到毕加索（的作品），还有费尔南德·莱热和所有那些鼎鼎大名的画家（的作品）。当我看到亨利·马蒂斯的作品，尤其是他后期创作的拼贴画时——他从此成为我一生之中最为重要的人。"[11]莱热的作品对布鲁纳产生了终身的影响，特别是对线条和颜色的使用。布鲁纳意识到，线条、形式、颜色和透视只不过都是技巧，可以被完全忽略。艺术家无须受制于惯例和传统。

在此期间，布鲁纳重新拾起阅读艺术家传记的习惯。他对法国音乐格外青睐，曾只身前往伦敦守护神剧院，这次令人难忘的旅途是为了拜访莫里斯·舍瓦利耶。他抓住点滴机会进行素描，

右图
为布鲁纳出版公司所设计的第一个图书封面，1946年

在随身携带的小写生簿上描绘室外的一切。他一直保留了这个习惯：先将周围的东西草绘下来，然后再回家中用画面油布和油彩将这些图像加以完成。他踏遍了巴黎的每一个旅游景点，并用画笔将它们记录下来，包括街头小贩和音乐家们，桥梁及各个建筑。他的作品包括钢笔和铅笔手绘，以及单色和油彩画作。此时正值第二次世界大战之后，巴黎的咖啡馆里洋溢着令人欣喜的气氛。当时，从爵士乐俱乐部到学院风格的格子衬衫，体现了美国文化在巴黎格外受欢迎。这座城市的自由开放程度让布鲁纳激动得为之颤抖。

布鲁纳逐渐沉沦在现代艺术的世界中，他看到了一种色彩如何与其他色彩共同创作出新的主题和内容；它们可以填充一个空间，也可以创造一个全新的空间。他了解到色彩的力量，于是使用自己的技能来构想色彩并用以描绘某个场景氛围，这项技能贯穿其艺术创作生涯始终。在巴黎的日子总是如此自由而令人振奋，布鲁纳每年都要回到这座城市住上几天，以重新焕发活力，激发新的灵感，并可以在音乐会上与自己最喜欢的法国歌手们见上一面。

左图
早期作品，中国长城

右图
钢笔、画刷和水彩画，塞纳河上的一座桥，巴黎，1949年

下图
铅笔素描，巴黎，1949年

上图和第21页图

绘画作品，20世纪50年代初期

Dick - April 1952

回归

布鲁纳回到故土，但却不是阿布斯·布鲁纳所认为的儿子的回归是准备开始在公司担任起某个职位。布鲁纳更加坚定地想要成为一名艺术家。出版业务知识让他深感无聊，而通过自学所接触的各种文化启蒙则让他兴奋不已。他所展现出的对艺术的热情最终说服了他的父亲——阿布斯·布鲁纳同意他前往位于阿姆斯特丹的皇家视觉艺术学院接受美术教育。

布鲁纳来到了首都，并成为乔斯·罗弗斯的一名学生。乔斯·罗弗斯是被称为"人民画家"乔治·亨德里克·布雷特内的拥护者之一。这位"人民画家"是描绘阿姆斯特丹城市日常生活的印象派画家的代表之一。如果放在从前，这样的学习是可以吸引布鲁纳的兴趣的，然而事实再次证明，传统的正规教育过于局限。这门课程的方向是阴郁印象派。由于布鲁纳参观过伦敦和巴黎大大小小的美术馆，并体验过随心所欲地选择任何题材进行素描的乐趣。因此这个课程对他而言是一种倒退。他对描绘那些暗淡的灰泥半身像毫无兴趣，他想更多地了解那些有违常规的现代画家，并急于回到户外尝试用更多的颜色和形式作画。6个月后，他放弃了这门课程。

为了能够更好地完成自己的艺术梦想，布鲁纳需要赚钱，于是，他开始在家为布鲁纳出版公司设计书籍封面。他在1950年至1952年间早期设计的书籍封面中体现出曾受过的一些艺术文化的影响，但尚未形成连贯的风格。他的一些略显幼稚的兴趣，例如对沃尔特·迪斯尼和乔·施皮尔的偏爱，以及学习现代主义艺术之后所做的设计实践使其备受嘲笑；尽管如此，他仍然在寻找属于自己的艺术风格。他在设计这些封面的时候所署的名字是H.B.——亨克·布鲁纳（Henk Bruna），也许是在刻意地与这些设计保持距离，并寄望将自己真正的名字留给一名艺术家的身份。

第23页图

为布鲁纳出版公司晚宴会场设计的菜单。这份菜单是为在诺德布拉班特酒店举行的公司晚宴所设计的，体现出他受到了沃尔特·迪斯尼的影响。乌特勒支，1948年3月1日

MENU
VOOR

De Heer Dick Bruna.

C.5.

DICK

一些影响

　　除了亨利·马蒂斯和费尔南德·莱热的作品以外，布鲁纳还对"荷兰风格派运动"产生了浓厚的兴趣。这场艺术运动由一群荷兰艺术家和建筑师发起，他们主张形式和色彩的彻底简化：仅使用黑色、白色、灰色和原色来勾勒水平和垂直的线条。起初，他受到巴尔特·范德尔·莱克早期作品的影响，采取一种更具象征意义的创作手法。"他（的作品）源于现实，试图将其简化为最基本的东西"。[12] 后来，他将目光投向了蒙德里安，模仿后者将现实还原为二维平面的手法。然而，对布鲁纳影响最大的则是赫里特·里特韦尔，以及这位画家对正方形的热爱。里特韦尔所设计的施洛德宅于1924年建造于乌特勒支，最初的设计理念是将其建造成一个没有墙壁的房子，这是风格派运动最著名的例子之一。当布鲁纳对这座房子和这位设计师的了解愈发加深，这座房子对布鲁纳的艺术实践的意义就变得更为重要。

下图
布鲁纳站在施洛德宅前，乌特勒支

　　艺术家兼设计师威廉·桑德伯格也为布鲁纳提供了现代主义的灵感。桑德伯格于1945年至1963年间担任阿姆斯特丹市立博物馆馆长，他为布鲁纳打开了现代艺术的大门。如果没有他，布鲁纳也许无法接触到那些现代艺术作品。另一个影响则来源于韦尔克曼的型版设计，这种风格在布鲁纳后来所设计的书籍封面中有所体现。"韦尔克曼的画是完全直接而抽象的，对我来说意义深远"。[13]桑德伯格的图画设计实践对布鲁纳在为封面和书籍选取字体方面影响更甚。此后多年，布鲁纳整合了所有这些灵感，将它们映射在自己的设计之中，包括封面、书籍和海报，这些设计犹如异花授粉一般相互影响。

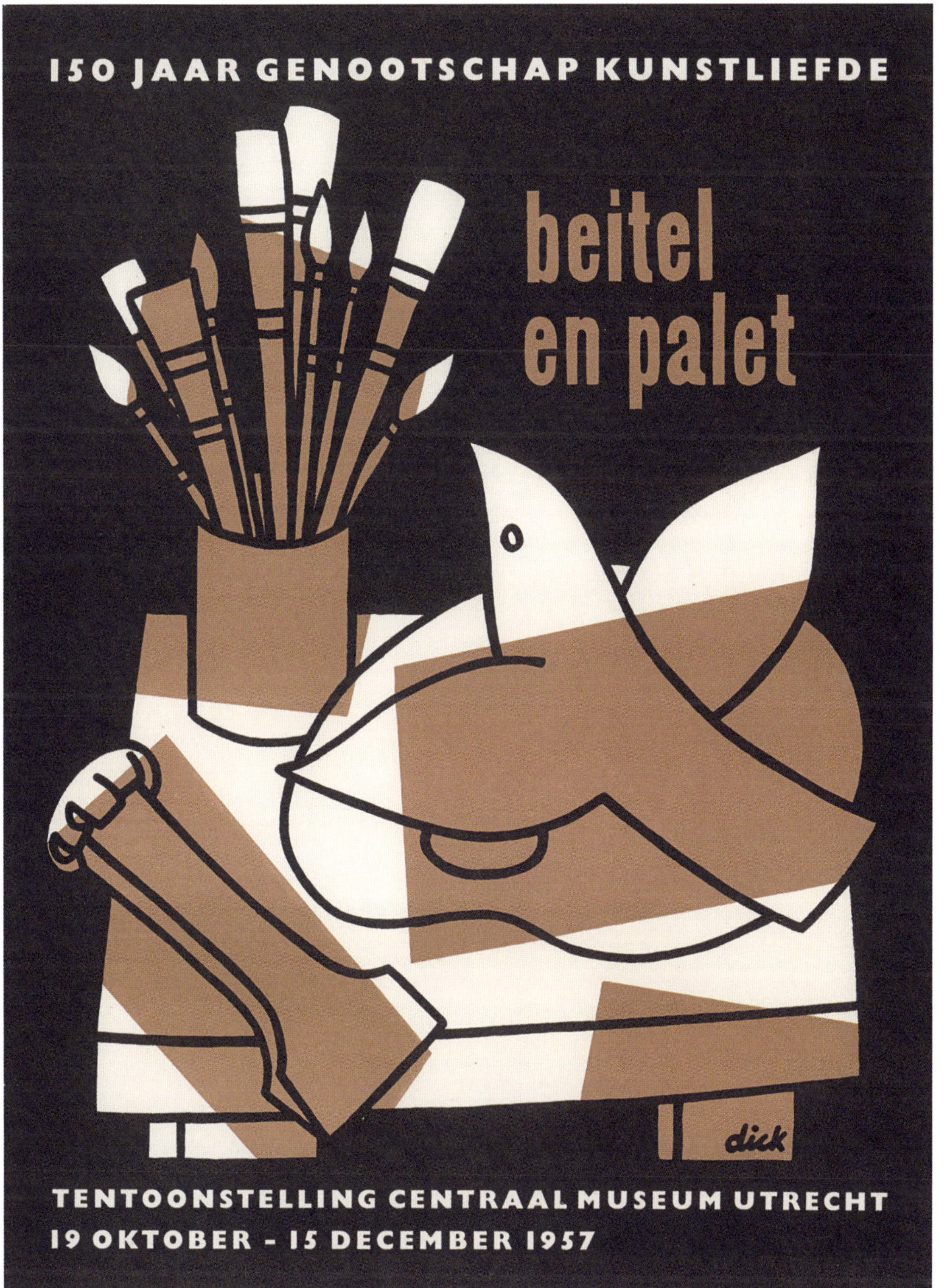

150 JAAR GENOOTSCHAP KUNSTLIEFDE
beitel
en palet
dick
TENTOONSTELLING CENTRAAL MUSEUM UTRECHT
19 OKTOBER - 15 DECEMBER 1957
OFFSETDRUK: STEENDRUKKERIJ DE JONG & CO HILVERSUM

一个全新的开始及其他

　　20世纪50年代初所发生的两件事彻底改变了布鲁纳的生活。其中一件是布鲁纳与曾经工作过的布勒泽书店的店长克里斯·莱夫朗成了朋友，他们一起前往法国南部进行了绘画之旅，其中包括参观了重新开放的马蒂斯玫瑰教堂。他们沿着海边游览，尽可能地欣赏更多的现代艺术作品和建筑，包括勒·科布西耶所设计的位于马赛的新公寓和拉乌尔·迪菲画笔下的普罗旺斯，以及保罗·塞尚、巴勃罗·毕加索和马克·沙加尔的作品。在1949年从巴黎南迁至靠近马蒂斯家。

　　在旺斯，马蒂斯为多米尼加人社区设计了一座小教堂。这

左上图
受马蒂斯作品启发所设计的海报

右上图
受马蒂斯作品所启发的拼贴画

个项目从1948年开始，历时3年完成。他为这座教堂设计了彩色玻璃窗、钟楼、室内壁画、蓝白相间的屋顶图案、耶稣受难像和烛台、忏悔门、三圣受洗台及牧师的小房间。在巴黎观赏马蒂斯的作品是一回事，而这座教堂则是一个新的启示。马蒂斯本人曾将这座教堂视为"自己的杰作"。他系统地采用了剪纸贴画技术（"这是20世纪所有艺术家中最激进的发明之一"），创造出很多作品。[14]

当布鲁纳来到这座教堂参观时，马蒂斯的身影仍然若隐若现，因为这位艺术家从未离开过这座建筑物。从那一刻起，布鲁纳的艺术创作都是在模仿这座教堂的纯净与美丽，这成为他的终极目标。马蒂斯为彩色玻璃所选取的颜色同样对布鲁纳产生了重要影响。"我正在寻求某种冒险"，马蒂斯这样说道，"我几乎想要把它磨碎。"他说，他的愿望是让教堂里的色彩能够感染到游客，"就像敲锣一样"。[15]

这无疑是这座教堂对布鲁纳的影响的真实写照。

右图
油画，1954年2月

一个幸福的结局

20世纪50年代发生的另一件改变布鲁纳生活的事是：1951年，布鲁纳一家搬回乌特勒支。他对一位名为伊雷妮·德·容的姑娘一见倾心，这位比布鲁纳小6岁的姑娘就住在布鲁纳家的对面。布鲁纳买了一只叫作布鲁恩的拳师犬，以便在伊雷妮遛狗的时候与之见面。为了赢得伊雷妮的芳心，他将自己的画架支在父母卧室的阳台上。这些行为似乎对感情的发展起了些作用。在约会一年以后，布鲁纳鼓起勇气向伊雷妮求婚。伊雷妮却拒绝了他。伤心欲绝的布鲁纳逃到了法国南部，专注于实现成为一名画家的愿景。作家亨德里克斯·弗雷德里克斯·范德·卡伦和菲瑟恰巧在上德卡涅度假，布鲁纳与他们住在一起，并计划搬到班多尔镇。

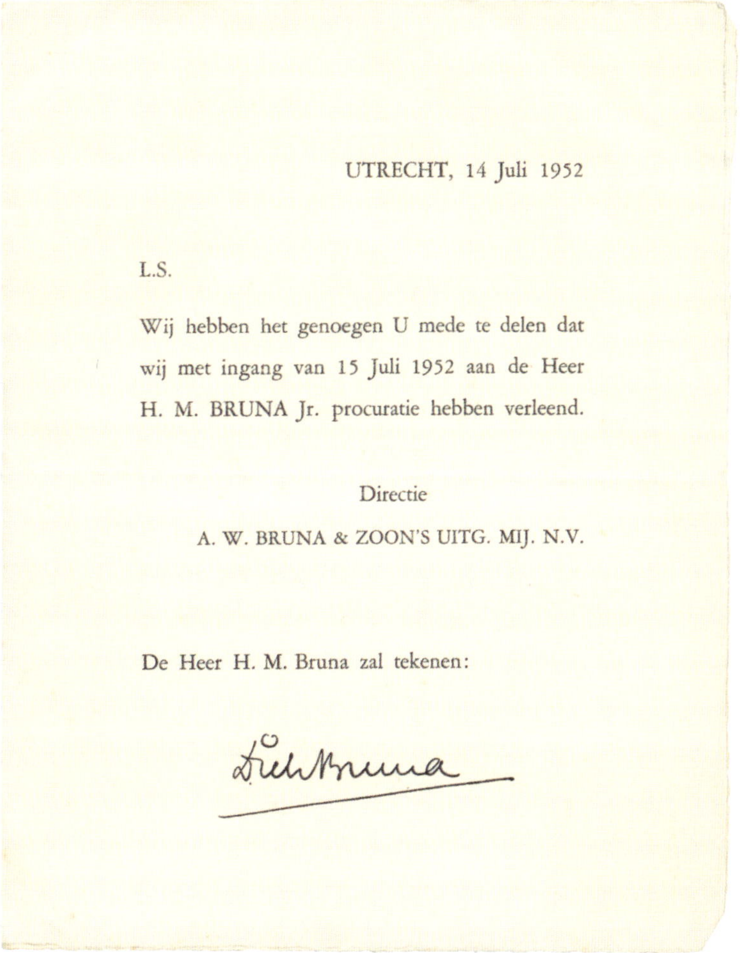

UTRECHT, 14 Juli 1952

L.S.

Wij hebben het genoegen U mede te delen dat
wij met ingang van 15 Juli 1952 aan de Heer
H. M. BRUNA Jr. procuratie hebben verleend.

Directie

A. W. BRUNA & ZOON'S UITG. MIJ. N.V.

De Heer H. M. Bruna zal tekenen:

第34页图
伊雷妮和布鲁纳在巴黎，1953年秋天

上图
布鲁纳出版公司正式聘用布鲁纳的声
明，1952年7月

然而，布鲁纳却得了相思病，没有伊雷妮的地方他如何住得下
去？他又如何能作画呢？不到几天时间，布鲁纳便回到了乌特勒
支，并再次向伊雷妮求婚。这一次，伊雷妮答应了他，两人于
1953年举行了婚礼。

但是这场婚姻有一个条件：伊雷妮的父亲坚持要求布鲁纳谋
取一份永久工作以保障女儿的生活。就这样，布鲁纳被迫回到自
己的家族公司全职工作。"我就这样顺理成章地成为我父亲的公
司——布鲁纳出版公司的一名封面设计师。"[16]

右图
蜜月剪贴簿，法国，1953年

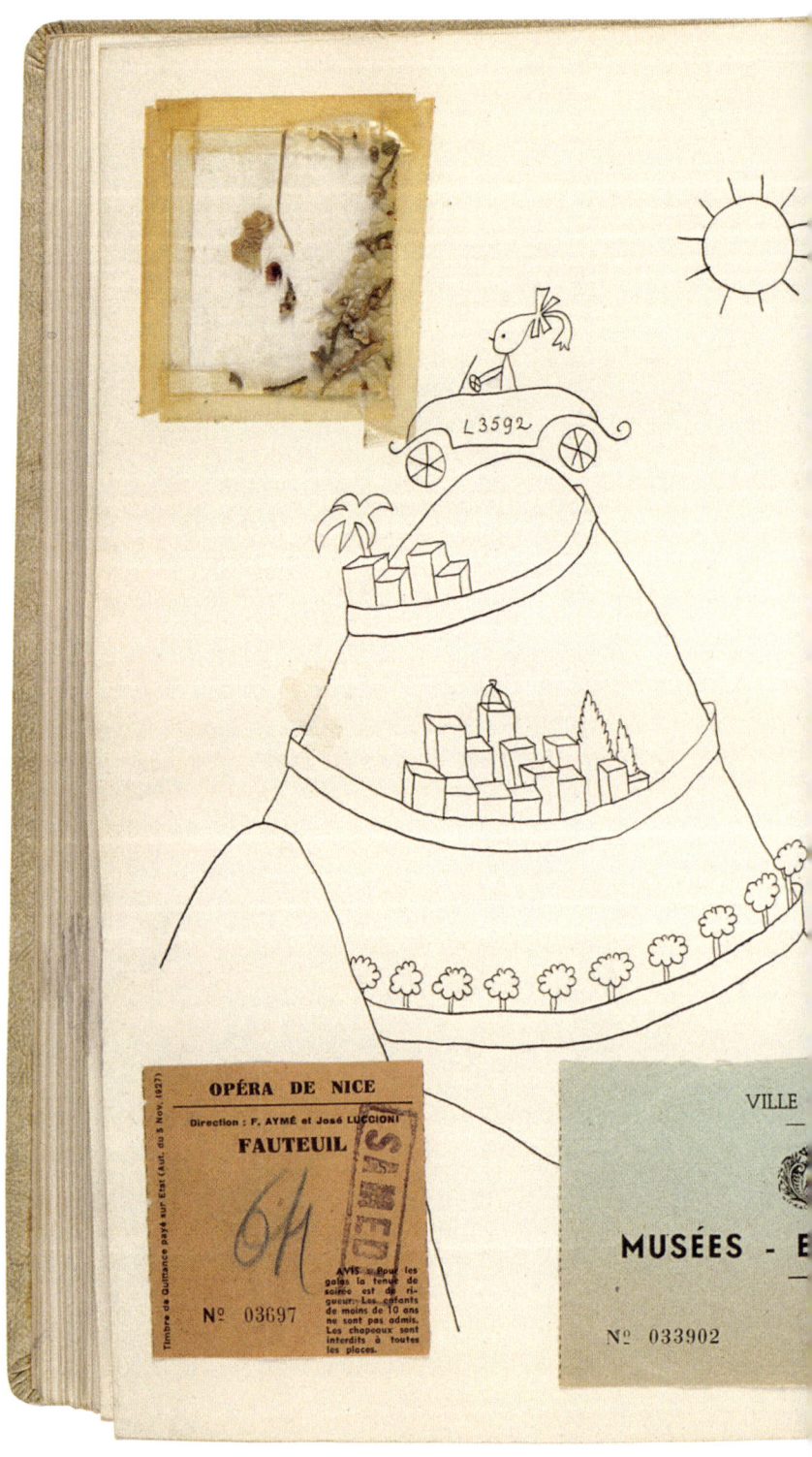

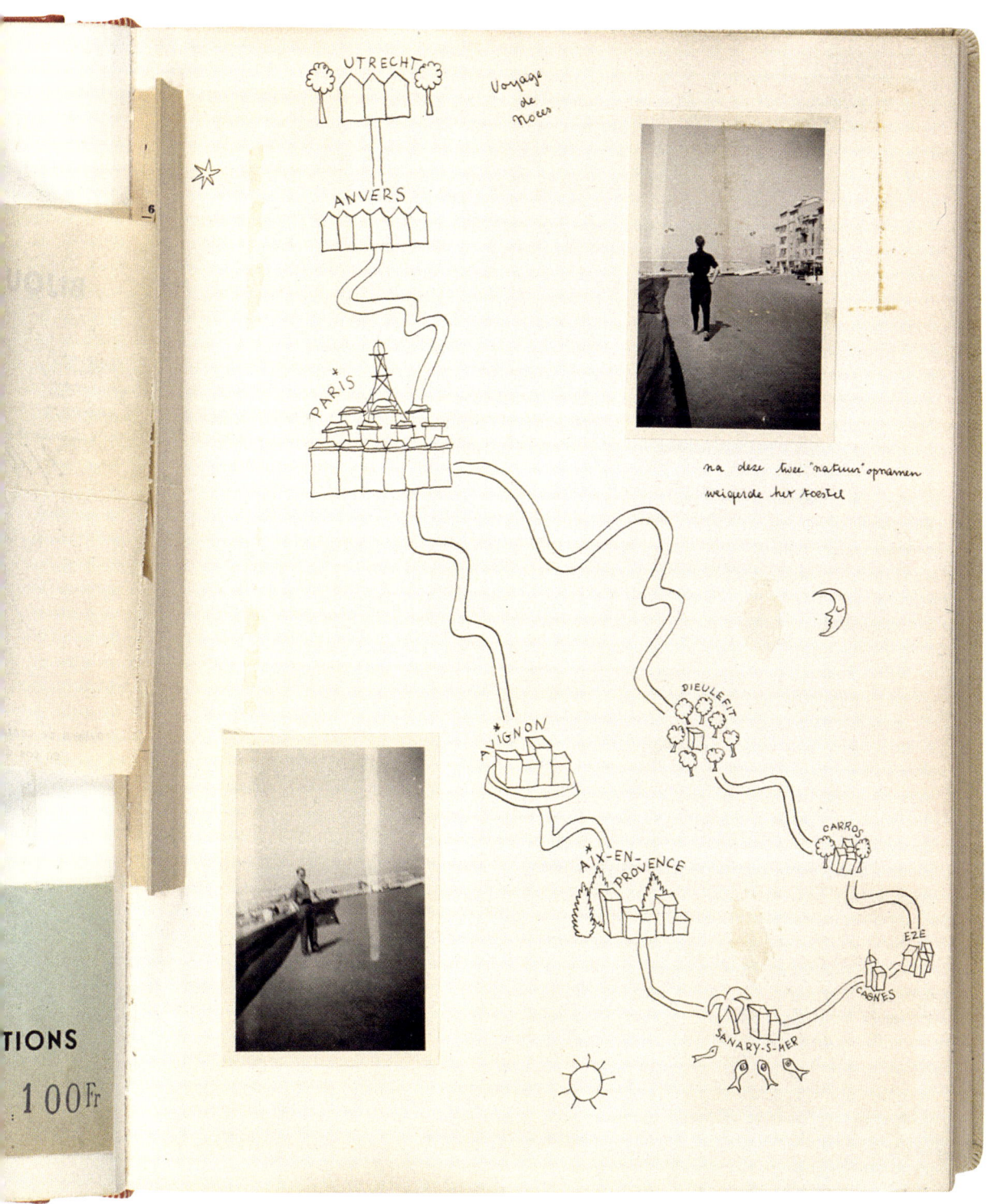

UTRECHT

Voyage
de
Noces

ANVERS

PARIS

na deze twee "natuur" opnamen
weigerde het toestel

DIEULEFIT

AVIGNON

CARROS

AIX-EN-
PROVENCE

EZE

CAGNES

SANARY-S-MER

TIONS

100Fr

艺术新秀

　　1952年，当布鲁纳同意在布鲁纳出版公司签下永久工作合同时，他以为自己成为一名画家的梦想就此破灭了。而实际上，一名职业设计师的身份可以使他进行各种创造性的实践，同时也为自己和伊雷妮的生活提供了稳定的保障。事实证明此后的这十年是他一生中最高产的十年。而且他还获得了伊雷妮这样一位啦啦队队长，同时也是专属于自己的"首席评论员"。[17]从此以后，布鲁纳所做的所有艺术实践都需要经过伊雷妮的批准。

　　正如伊雷妮所言："他很有勇气，因为他总是在做很多不同的事情，有时候甚至不惜冒险。如果没有这份设计师的工作，他将永远无法发展自己的绘图风格。"[18]不仅如此，连布鲁纳本人也承认，作为一名平面设计师的职业生涯是"我的艺术学校"。

　　从1953年开始，布鲁纳的绘画风格开始有了变化。素描时，他不再拘泥于物体本身，而是开始捕捉物体之间的联系，使这些

下图
静物，钢笔画，约1953年

第39页上图
描图纸上的铅笔素描，约1953年

第39页下图
厨房餐桌上的静物，铅笔画，约1953年

物体相互配合以创造某种气氛。在那些蜜月及随后与伊雷妮在法国、西班牙和意大利南部的旅行经历为主题的绘画作品中，这一点尤为明显。他为取悦自己而作画，他为尝试各种实践而作画，他为将来的所有参考的可能性而作画。这些作品的创作不再有明确的意图，也不是刻意的练习，过程变得轻松有趣。他开始拍摄照片，从中选取有趣的题材，看看哪些值得进行绘画复制，以营造某种特定的气氛。他还从报纸上剪下一些物体的图像。他总以艺术的眼光观察周遭的一切。

在这些绘画作品中，虽然那些他所尊崇的艺术家的影响仍然清晰可见，然而布鲁纳的个人风格却格外耀眼。莱热的作品对他个人风格的发展至关重要，在提及这一点时，布鲁纳这样解释：

这是第一次，透视在我眼中消失，这反而更有利于构图。色彩变得如此流畅，不再有过渡。我还记得我看到那些用铁架子搭建的物体轮廓非常清晰，我开始描绘螺母、螺栓、承窝及类似的东西。[19]

上图和右图
为德恩格伦桑艺术家协会的地下室所设计的壁画，乌特勒支，1957年，该作品的风格受到了莱热的影响

 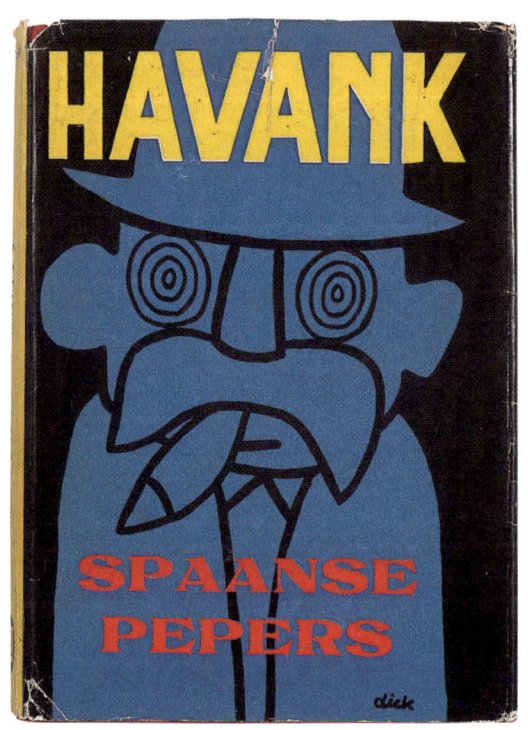

作品出版

布鲁纳的绘画风格在不断地改变，出版业也同时发生着变化。在这段战后时期，平装书市场在世界范围内掀起了一场变革。1934年，著名的平装书品牌"企鹅图书"的创始人艾伦·莱恩被困于火车站，想在书店找一本可以阅读的书却一无所获。布鲁纳对这一品牌的成立再熟悉不过，当时恰逢他在伦敦工作，与扬·奇希霍尔德为公司重新设计了企鹅徽标。

在荷兰，由于纸张短缺及书籍定价较低，出版商们一直在寻找摆脱经营低迷的方法。20世纪50年代，随着社会的发展，功利主义让投资者们看好出版业。在控制成本的前提下，出版界使用了更好的纸张和彩色印刷，提升了图书印刷质量。在荷兰，布鲁纳出版公司的竞争对手，诸如萨拉曼德斯出版社和普里斯马斯出版社，早在20世纪50年代初期就出版了系列小说。

侦探小说在当时的市场上颇受欢迎，布鲁纳出版公司也因此顺

上图

早期设计的两个图书封面：莱斯利·查特里斯所著的《圣殿骑士》和哈万克所著的《西班牙辣椒》，后者是为"每月之书"俱乐部所设计的封面

应潮流，在1954年的秋天构思了一个犯罪小说系列。

　　布鲁纳想必是曾亲眼看到美国犯罪小说在巴黎广受读者欢
迎，它们被高高堆放在塞纳河沿岸的书店的书架上。"每月之
书"俱乐部在第二次世界大战后迅速崛起，阿布斯·布鲁纳已经
通过这个平台出版了多部成功的虚构侦探小说，包括乔治斯·西
姆农的《迈格雷》，莱斯利·查特里斯的《圣人》以及最受欢
迎的荷兰作家哈万克的《阴影》。出版社拥有一个强大的备用书
单，可以随时从中抽取一本进行加工和再创作以出版。

　　布鲁纳出版公司还有两个优势：一是商业总监阿布斯·布
鲁纳、出版总监亚普·罗米吉，以及封面设计师布鲁纳三人的通
力合作；二是遍布荷兰各个火车站的布鲁纳售书亭无疑是分销书
籍的好平台，这个得天独厚的场所可以为他们轻易地找到目标读
者。阿布斯·布鲁纳并没有读书的习惯，至少据他的儿子所知，
父亲并不读书——"因为父亲认为书不是用来阅读的，而是用来

GEORGES SIMENON
MAIGRET
en de minister
SIMENON
MAIGRET EN DE MINISTER
LA RUMEU
RUMEUR
dick

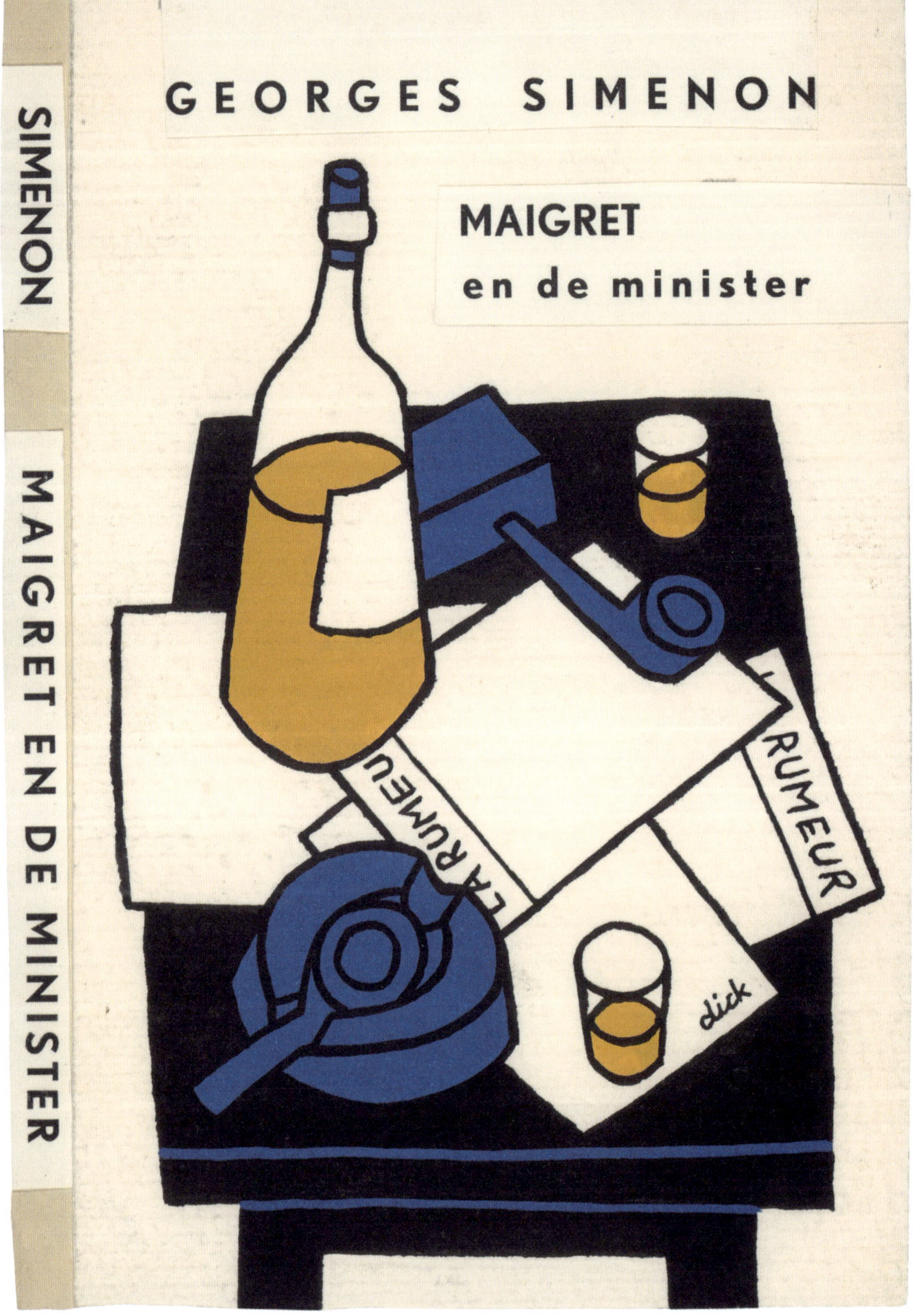

上图

为莱斯利·查特里斯所著的《他的威严，圣人》一书所设计的封面，1970年

第47页

为莱斯利·查特里斯所著的《西蒙圣殿骑士团》一书设计的封面，1967年

DE
SAINT
STICHTING

baldwin

giovanni's kamer

出售的。对于哪些事情必须要做，特别是哪些事情不应该做，他有着非常敏锐的感觉，可以说是一种直觉。"布鲁纳这样解释。[20]

亚普·罗米吉弥合了布鲁纳与父亲之间的鸿沟。作为一名艺术家、图书编辑和出版商，罗米吉同时以商业利益和艺术美学角度来看待出版业务，并大力支持年轻的布鲁纳，这促使布鲁纳在20世纪60年代中期创作了了更为高调的《白熊》系列。也正是罗米吉的坚持，诸如让-保罗·萨特等作家的作品最终得以出现在出版书单上。[21]

布鲁纳也许无法从商业角度理解出版业务，然而在书籍设计方面，他仿佛具有某种直觉，有自己独特的见解。他十分了解系列小说必须从封面就要迅速地抓住读者的兴趣，引起游客读者的注意，并获得他们对出版社的品牌认可。为了达到这一目标，他开发出一种新颖的书籍封面设计风格，这种风格不再局限于出售图书的文字内容，更重要的是其影响力和吸引力——一个系列的书籍需要有自己的身份标志。布鲁纳认识到直接的视觉冲击隐藏着巨大的能力。他想得到被马蒂斯形容为"敲锣"的效果。

这个出版书单的成功取决于印刷质量和庞大的销售额，只有确保价格低廉才能保证这样的批量生产。因此，这给图书封面的设计者带来了巨大的压力。然而这并不会使布鲁纳知难而退，相反总是别出心裁的布鲁纳投入到工作之中。

《黑熊》

首先出场的是熊，一个品牌需要一个特有的标志。这是一个比较简单的想法，因为在荷兰语中"熊"这个词语与布鲁纳的名字关联甚密。布鲁纳将这只熊设计成黑色，以营造出阴郁和黑暗的气氛元素，并隐隐传达出这个丛书的内容。然而，由于布鲁纳

左下图
《黑熊》丛书商标的初版设计，1955年至1961年

右下图
《黑熊》丛书商标的修订版设计，这个版本从1962年开始使用

上图
《黑熊》的早期作品封面，印有《黑熊》丛书的初版商标，1958年

自身胆小的性格，他决定让这些书看起来不那么吓人，应该呈现给读者的更多的是神秘而非恐怖。这样，这些书就有了更广泛的吸引力，并使出版商在该丛书出版伊始就可以为其添加非侦探性质的书名。黑熊商标的第一个版本是带框的，然而它很快就摆脱了这种对自己的"束缚"，使其更容易在封面设计上进行创作。有时候，布鲁纳会以开玩笑的心态使这只黑熊成为插画的组成部分。

第52页图

让·布鲁斯所著的《军队里的O.S.S.117号》一书的封面设计，带有修订版的丛书商标，1966年

上图

让·布鲁斯作品的封面设计：《曼谷的枪声》（1964年）和《O.S.S.117号：踏上征途的特工》（1971年）

《黑熊》丛书，于1955年正式出版，最初有6个故事系列，1956年上升到18个，后来猛增至每年100多个，而布鲁纳为每一本书设计了封面。起初，出于控制成本的考量，他不得不用黑色作为封面的底色。然而，随着丛书的发展，题材也不再局限于犯罪小说，他开始使用其他颜色。在为这些书设计封面的过程中，没有任何迹象显露布鲁纳曾感到一丝一毫的不知所措或是困顿烦恼。这些图书封面显露出布鲁纳作为一名插画家和平面艺术家非凡的专业和实践技能，以及敏锐的洞察力。他将自己的一切毫无保留地注入这些设计中，包括他的影响、技能、职业道德及他的个性。他成为一个产业——一个只有他自己的设计产业。

1962年，布鲁纳在一次接受比利时媒体采访时透露了自己的工作方式：他总是先通读作者们发给他手稿，这些手稿没有任何现成的故事摘要可以供他参考。他希望亲自弄清故事的气氛、格调，经常边走边画。在他通读草图时，他试图从色彩的角度来理解故事。有时候他会想象自己身处于某个特定的情境中，例如西姆农创作的故事将他带回细雨蒙蒙的巴黎。这种联想会让他构思出一些色彩和形状。于是，下一个步骤便是按照涂料生产商们所提供的产品目录来尝试使用不同尺寸的色彩切割。"我会忙于这些色彩游戏——剪切、粘贴和撕裂。我非常相信直觉，因此我会使用选取好的颜色直接进行操作实践"。[22]

当设计完成，如果布鲁纳觉得不满意，就会推倒重来，有时会重来很多次，直至自己满意。"我将制作好的图形放置在玻璃材质下的背景中，确保它们与封面出版时的大小完全一致，不需要再缩小或放大"。然后，他会将这个设计放置一边，开始着手另一个设计，之后再返回这个设计做出最终决定，同时将元素进行消减至呈现出一种尽可能简单的状态。当他对设计的封面感到满意时，就会将它们打印出来，以便在印刷时检阅。

《黑熊》丛书的封面设计没有在网格纸上进行，也没有遵照约定俗成的与书名和作者姓名一体的排版；而是仿佛乘坐飞机飘游的物体汇聚在一起，形成了一幅吸引人的图像。尽管如此，它们看起来仍然带着布鲁纳独特的插画风格标签。"我迅速意识到我能够且必须使用所有可以使用的技术——绘画、剪切、拼凑所有的一切。"[23]就像他所创作的儿童读本一样，布鲁纳对尝试研究不同字体毫无兴致。他觉得自己尚不具备操控字体的能力，同时也不愿因为文字而干扰了自己的设计。

使这些封面设计脱颖而出的显著特征之一在于其图案和轮廓的使用让同系列的图书一脉相承。例如，在乔治斯·西姆农所著的《迈格雷》系列小说的封面上，总是有一个烟斗；而在查特里斯的《圣人》系列小说的封面上，总有一个圆形的光环。令布鲁纳欣喜的是，里特韦尔在造访布鲁纳的工作室时，指着《海盗圣人》一书的封面说道："这是一个非常漂亮的小形状。"[24]

第55页图

为乔治斯·西姆农所著的《迈格雷和未知的复仇者》设计的封面，1964年

SIMENON

MAIGRET EN DE ONBEKENDE WREKER

dick

56

布鲁纳一直都避免渲染书中的可怕内容。他的设计旨在营造神秘的氛围而非耸人听闻的恐怖。这些书的封面完全是他自己的作品，它们始终遵循着绝不能妨碍读者想象力的原则。

所有这些图书的封面设计都被署名为"迪克"（Dick），这种一点都不正式的署名方式就像它们的设计一样简单。布鲁纳是否因此又开始逐渐远离出版社了呢？对于一本书，布鲁纳是否只满足于与自己有关的只是出版社的名字和封面上的黑熊符号呢？

《黑熊》丛书无疑成为当时出版界的瑰宝。这是布鲁纳出版公司的繁荣时期。这三个人的实践方法及将文学作品商业化的能力，使《黑熊》丛书取得了巨大的成功。这家出版公司拥有这样一位具备特殊技能的封面设计师——他使这些图书成为人们趋之若鹜的商品，同时也具有收藏价值。

对布鲁纳来说，他在旅途中所学到的知识派上了用场，他逐步开始树立自己的艺术风格。截至1969年，《黑熊》丛书共销售了2500万本图书，包括近1500个系列。布鲁纳为大约2000本书绘制了插画和设计了封面。1968年，在布鲁纳出版公司庆祝成立100周年的庆功宴上，阿布斯·布鲁纳接受了采访，在谈论《黑熊》的成功时，从不轻易泄露情感的父亲这样说道："这些书的所有封面均来自同一位设计师——我聪慧的儿子。"[25]

赞誉并未就此结束。布鲁纳在出版界渐渐成长，与许多作家、设计师和印刷商认识或交好。与此同时，他为图书所设计的封面还经常收到作者的来信，其中不乏赞美之词。对于布鲁纳所设计的封面，西姆农总会来信点评。在布鲁纳颇为珍惜的一些信件中，西姆农这样写道："您为我的新书所设计的封面比上一本更简单。您是在尝试通过绘画来达到与写作相同的目的。"[26]

海报

　　西姆农告诉布鲁纳，毕加索有一次在看过他的一本书的封面后，肯定了他的图画表现力，因为它看起来就像是一幅海报。布鲁纳认为这是他所获得的最大的称赞之一。[27]布鲁纳喜欢海报，他对色彩的洞察力，以及对极简效果的渴望，注定会使他对海报设计产生浓厚的兴趣，他将其视为一种艺术形式。

　　威廉·桑德伯格说，"每张海报都是一件艺术品。"布鲁纳深表赞同，他认为封面与海报的设计相辅相成，但他在海报设计上花费了更多的时间来进行实践，因为海报必须更迅速地抓住人们的注意力。法国设计师兼布鲁纳的良师卡桑德尔的观点对布鲁纳的设计实践起到至关重要的作用："'海报'必须让人一目了然，必须如'风'拂面。"布鲁纳补充道："还必须充满人性，并尽可能地友好。"[28]他将海报视为打在人脸上温柔的一拳。

右图
为《黑熊》所设计的第一幅海报，
1956年

61

至此，我们得出了海报设计的三要素：马蒂斯的"锣"、卡桑德尔的"风"，以及布鲁纳的"人性"。

查理·卓别林带有启发性的幽默及雷蒙德·萨维尼亚克设计的风格简单的海报，也影响着布鲁纳。萨维尼亚克在卡桑德尔做见习生时自学了许多设计技巧，他将海报艺术定义为"创造某些转瞬即逝却让人难以忘怀的画面"[29]，布鲁纳在巴黎应该看到过他的作品。虽然布鲁纳在1947年就设计并绘制过海报，但若要论及通过海报设计来表达自己，这幅为宣传《黑熊》丛书设计的海报是他的初次尝试。这幅海报十分吸引人，一旦注意力被这只熊所吸引，其他的信息就可以很快被传达和吸收，从而在细节之处发

上图
为纪念《黑熊》丛书成立20周年所设计的海报，1975年

第63页图
为《黑熊》袖珍版所设计的海报，意思为"所有人的袖珍图书"，1960年

第64和65页图
为《绿色十字架》所设计的海报，1975年

生化学作用。布鲁纳的意图与以往一样，就是追求一种形式的简单性——一种可以在极短的时间内传达出很多信息的能力。

他用铅笔绘制了海报的主要元素，然后用颜料填充，并用画笔刷上黑色的轮廓。1960年，一幅以红眼黑熊为主题的海报获得了两项大奖。两年后，他作品的展览在乌特勒支的克里希出版社举行。20世纪60年代，海报的画面更加形象和直接，这只小黑熊总能吸引读者的注意力。即使是从侧面来看这幅海报，它仍然可以设法获取关注。1971年，布鲁纳为《黑熊》丛书设计的最后一幅海报获得了荷兰广告商协会奖。

上图
为荷兰皇家航空公司商标征选所做的设计，铅笔画，绘于1961年以前

International year
of the child
Fiera del libro
per ragazzi

左上图
为帮宝适品牌（Pampers）所设计的海
报，1974年

右上图
为"国际儿童年"的博洛尼亚儿童书
展所设计的海报，1979年

插画绘本

　　布鲁纳结婚的时候只有20多岁，然而他在全职工作之余会挤出一些时间来创作自己的书籍。1953年，《苹果》在荷兰出版。这本书不应该被简单视为一本儿童读物，它是对马蒂斯的致敬。"那时，我满脑子都是马蒂斯"。[30]旺斯的那座教堂在他的脑海中仍然清晰且挥之不去。"当我看到那些切拼的形状时，我就会想，对，就应该是这样。我们就应该尝试用这种方式来实践一部作品。《苹果》就是这样创作完成的。"[31]当他创作这一系列的艺

术作品时，总是用这样的方式将脑海中的故事呈现出来：首先剪切出那些形状，然后用黑色油漆刷填充轮廓，蓝色表示保守，红色表示激进，这两种颜色分别用作前景和背景。《苹果》的有趣之处并不在于"它是什么"，而是"它不是什么"。与其将其定义为技巧，不如理解成一种试图与读者建立联系的实践，一次关于形式和色彩的实践。在当时，人们认为这些色彩之间会发生冲突，然而布鲁纳却不以为然，《苹果》让人联想起马蒂斯在旺斯所创作的艺术作品——马蒂斯玫瑰教堂。继《苹果》之后，《福伦丹的托托》诞生了，这是一个关于毛绒玩具散步的故事。

这两本书的相似之处在于它们都旨在描述一场关于"发现"的旅途，就像它们的作者当时正在经历的旅途一样。这两本绘本的意义深远，它们标志着布鲁纳创作一系列艺术作品的方法的建立——通过图片的方式讲述他脑海中的一个故事。他发现他更喜欢同时创作两本书、三本书甚至四本书，这样他就可以在这些绘本之间切换，就像他设计书籍封面那样。在整个创作过程中，他始终重视自己作品的创造性和实用性。

米菲就这样诞生了……

"一路前进，下至沙丘和海滩，然后看见大海"。[32]

1955年，布鲁纳、伊雷妮和还是婴儿的谢尔克来到海滨小镇艾格蒙特度假，这个地方唤起了布鲁纳对童年的回忆，它与自己在比利时的布朗肯贝格所度过的假期如此相像。他们一家人在沙质草地上铺上地毯，坐着看一只小兔子在沙丘中跳来跳去。眼前

左下图
《米菲》，1955年，第一本以这只小白兔为主题的绘本，书中插画呈长方形格式

右下图
《米菲在动物园》，1955年，长方形格式

第71页图
《米菲在动物园》，1955年，双面长方形格式绘图，底部附带文字

zij mocht met moeder en met vader

naar de dierentuin toe gaan

eerst gingen zij naar het station toe
kijk, daarachter stond de trein

zij stapten in de laatste wagen
en voor het raampje daar zat Nijn

的景象引起他们的共鸣，谢尔克恰巧养了一只毛茸茸的兔子，布鲁纳也想起了自己孩提时对兔子的喜爱。多年前的那些夏天，在宰斯特住宅的花园里，他甚至为小兔子亲手搭过窝。米菲的荷兰语名字是"Nijntje"，意为"小兔子"。1955年6月21日，谢尔克第一次听到这个关于"小兔子"的睡前故事，这天也从此成为米菲的生日。

在米菲得到全世界的宠爱之前，它的早期形象看起来像是它的一位远亲。一开始，这只兔子更像是一只扁平的可爱玩具，掺杂了一点莱热和马蒂斯的风格。布鲁纳这样解释："你想努力尝试一种方法，它能够表达一只兔子的想法……这些绘图就像是它的记忆。"[33]值得注意的是，此时这只兔子耳朵歪斜，眼神游离，尚未与读者发生交流。这一对兔子夫妇的神情显得有些害羞和谨慎，这可能反映出创作者的谦逊。

米菲的雏形是一个小姑娘，尽管布鲁纳无法解释原因，但之后它的性别显得模糊不清，直到1970年，布鲁纳在《米菲的生日》一书中为它的礼服添加了花朵的图案。然而在1970年之前，米菲的第一批粉丝坚信米菲是个男孩，后来的粉丝则认为她是个女孩。但普遍的观点认为不应将注意力放在米菲的性别上。因此布鲁纳在"礼服"上添加花朵图案只是一个关于艺术设计的决定，而非为了刻意强化米菲的性别。

出版于1955年的《米菲》和《米菲在动物园》的原始版本是

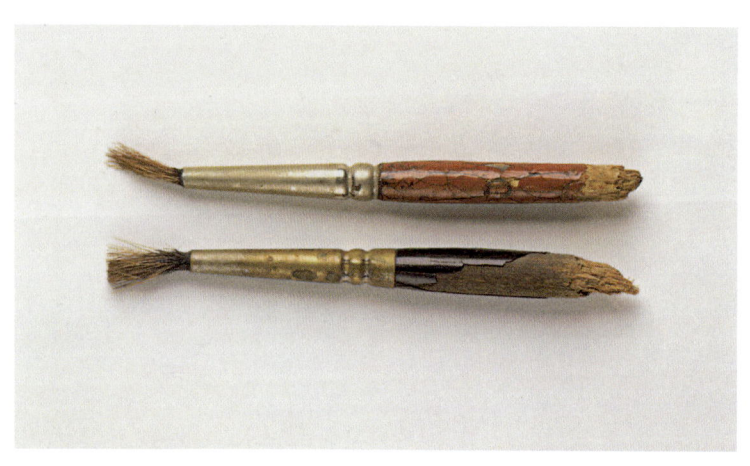

左图
布鲁纳绘制前四本米菲绘本所用的画刷

het feest
van
nijntje

dick
bruna

上图
《米菲的生日》，1970年，正方形格
式，布鲁纳首次为米菲的裙子增添了花
朵图案

第74和75页图
《米菲的生日》，1970年

en o, wat hadden ze een pret

zij balden op het gras

en deden heel veel spelletjes

totdat het avond was

en ja hoor, op een mooie dag

kwam er een klein konijntje

zij trokken haar een jurkje aan

en noemden haar toen nijntje

用铅笔和画刷绘制完成的。布鲁纳先是勾勒出形状，然后用油彩为其着色，最后添加了黑色的轮廓线。它们不同于他为《黑熊》丛书设计封面的方法，但设计手法与海报类似。这些绘本拥有了一位全新的"父亲"——一位在怀念自己童年时光的父亲。用布鲁纳自己的话来说："每本书都属于它们自己的时间"。[34]"我一直在疯狂地寻找我想要的和我能做到的。我研究并尝试了每一种技巧的可能性。我千方百计地想要找到属于自己的个人风格。"[35]诚然，这些从属于不同时代的绘本体现出它们的创作者曾以不同的身份朝着多个方向的自我挑战——他是一位丈夫和一位父亲、一位平面图形设计师，现在还是一位绘本作家和插画家。

布鲁纳出版公司并非儿童读物出版社，他们没有任何印刷或销售儿童绘本的经验。第二次世界大战后，儿童出版物在很大程度上被忽略了，同时被低估的还有儿童阅读书籍的益处。由于出版商一般都将精力集中于从战时萧条中恢复自己的业务经营，对这些未经市场测试的业务类型进行投资被视为一项极具风险的游戏。然而，布鲁纳得到了他的出版伙伴和朋友亚普·罗米吉的大力支持。他了解布鲁纳的野心，并支持他在1953年至1957年之间先后出版了7本绘本。这些绘本后来获得了巨大的成功，而这其中最重要的原因在早期被误解了——它们的简单性。这些绘本使用了最简单的原色以及对透视的忽略，与20世纪50年代出现在书架上的那些烦冗的、以叙事为主导的儿童读物形成了鲜明的对比。

第一批绘本中的插画都采用了长方形格式，相较于儿童读本，它们更接近平装书的尺寸，由23张全彩色矩形图组成，每张图下都配有两行文字，这些文字采用了无衬线体，没有大写字母，背景设置为白色。与后来出版的版本相比，这些版本的排版设计显出有一丝的犹豫不定，颜色却更为柔和。

o ja, ze gingen met de trein

een echte grote trein

hij reed zo hard hij rijden kon

en voor het raam zat nijn

一切都改变了

　　1959年，《米菲》第一次以正方形格式印刷出版，这是布鲁纳与海报印刷商德钟平面印刷公司讨论的结果。他们决定将彩色海报的成功复制到儿童绘本上来。德钟平面印刷公司老板的儿子彼得·布拉特加是一位平面设计师，同时也是布鲁纳读书时候的老朋友。布鲁纳在与布拉特加讨论之后决定：将一张海报大小的纸张折叠成边长为15.5厘米的正方形，这样每一页可以排列12幅这种大小的插画以及文字，插画在版面的一侧，四行文字在插

画的对页版面上。这种完美的格式让他想起了由"荷兰风格派运动"的领军人物赫里特·里特韦尔所设计的施洛德宅。这栋建筑拥有完美的对称性和简单性。从那时起,《米菲》的插画版式一直固定为正方形,毫无例外。这种版式的优势在于可以有效地控制印刷成本,因为可以同时打印四本书,然后按照系列分别出版。这与布鲁纳所热衷的创作实践方式相吻合。1959年,《苹果》《鸟》《小猫内尔》《蒂莉和特莎》同时修订并再次出版。

　　《苹果》的初版和第二版之间存在着明显的差异,它们印证了六年以来布鲁纳技能的发展。正方形的格式、鲜艳的色彩、有趣的故事线及插画的布局,所有这些元素都更为适应儿童的阅读

第78页图
《蒂莉和特莎》,1959年

上图
《苹果》,以正方形格式出版,1959年

习惯。他笔下的这些角色与读者们进行直接交流，从原色世界中直视着读者。在荷兰，《苹果》经历了不断重印，从未绝版。

1962年，《黑熊》丛书庆祝它们所出版的第500本书，并在印刷厂举办了丛书展览。同一年，布鲁纳创作了他的第二部绘本四重奏：《蛋》《国王》《马戏团》《鱼》。

《米菲》的回归

《米菲》是为了他的第一个儿子谢尔克所创作的。1963年，当《米菲在动物园》和《米菲》发行第二版时，布鲁纳又有了两个孩子：儿子马克（出生于1958年）和女儿马德隆（出生于1961年）。

布鲁纳改变的不仅是绘本的形状和质量，创作方式也发生了变化。他后来完全采用了"剪刀构图法"。首先，他会在一张透明纸上画草图，先画一条略微不直的自然线条（布鲁纳从未使用过尺子），然后在这根线条上进行各种尝试。当他对画面感到满意时，会在这张透明纸下面放置一张带纹理的水彩纸，并用硬铅笔将线条加深，以便将轮廓嵌入水彩纸中。然后，布鲁纳用一根画刷（修剪至完美大小）蘸取黑色的丙烯酸海报涂料，将轮廓填充，以使人物形象栩栩如生起来。这根画刷的笔触和纸张的纹理使他画出了"带有脉搏跳动的线条"[36]，为米菲及其他角色赋予了动画效果，它们看起来并非是静止的。在整个过程中，如果他有所失误，就会重新开始。

当绘图轮廓达到完美的效果时，布鲁纳会将图纸转接到胶片上，然后决定色彩。打印机所打印出来的图纸颜色满足了布鲁纳对色彩的要求。它们看起来像是原色，但又略微脱离原色，带着一点淡淡的黑色，这一点与标准的红色、蓝色和黄色有所区别。与风格派运动有所背离的是，为了方便起见，布鲁纳在其调色板中还添加了棕色和绿色。"草必须是绿色的"。

布鲁纳可以剪裁出不同的色彩并使用透明纸进行试验。如果某种颜色的效果不理想，他只需要尝试另一张色彩纸即可。布鲁

第81页上图
布鲁纳创作过程包含这几个阶段：草图，通过勾勒最终确定描绘的图像，用海报油彩的黑色涂料上色

第81页下图
布鲁纳在位于乌特勒支耶路撒冷街的工作室里工作

纳在马蒂斯的《爵士》一书中看到过这种通过移动和更换彩纸来定色的技巧。在决定好所有的色彩以后，他将这些剪裁好的彩色形状附着在纸上，将纸连同带着黑色轮廓的胶片一起送去印刷。

1963年，尽管米菲的形状和特征在这些年中发生过一些变

第82页图和上图
布鲁纳创作实践过程的下一个阶段：将
黑色轮廓图转移到胶片上，描出图案，
将自己特有的彩纸剪裁成不同形状

右图
布鲁纳创作过程的最后阶段：将剪裁
好的不同颜色的形状粘贴在纸上，连
同绘有黑色轮廓的胶片一起送印

化，在接下来的几年中，这些变化将继续增强。然而这个形象最富有戏剧性的改变正发生在这个时候。它的头变得更加圆润，整体身形更趋向于扁平，耳朵朝上，形状更加尖锐并大致对称。这个新版本的米菲身材比较矮小而更圆润，眼睛的位置较低且眼距较宽。此时，绘本的版式已经变成正方形，这一改变促使布鲁纳重新考虑书中所有角色的眼睛形状，以使它们对读者更具吸引力。他还从整体角度仔细考虑了所有角色的头部形状。正如他从封面设计中所获悉的信息，形状上的哪怕是最为细枝末节的差别都会对叙述产生巨大的影响——总的来说，椭圆形越瘦长，角色就会显得越不友好。布鲁纳不断尝试实践更多的视觉语言的可能性，在这个实践过程中，绘图的表达也日趋流畅。

下图
米菲形象的演变：1955年—1963年—1988年—1995年—2003年

底图
米菲耳朵的演变：1955年—1963年—1979年—1988年—1995年—2001年—2003年

这个特征在描绘米菲的脸部时更为明显。布鲁纳可以通过眼睛的两个点和呈交叉线的嘴巴的细微变化传达出很多东西，如果不具备这种表达不同情感的技巧，米菲就无法与读者如此成功地交流。这像是一种魔法。2016年，荷兰国立博物馆的馆长维姆·皮波斯这样解释："因为画面中只有很少元素，所以这些元素必须是完美的。线条的重量，眼睛的位置——他几乎不使用任何其他内容来描绘米菲的表情……中国人对此有一个十分恰当的表述：'失之毫厘则谬之千里。'"[37]

在国立博物馆进行的一项试验很好地证明了这一点。策展人被要求按照自己对米菲脸部轮廓的记忆来勾勒它的嘴巴和眼睛。结果表明，即使是视觉敏锐的策展人也无法做到这一点。

布鲁纳所做的一些改变是带有意图的，但这些改变通常又是在不经意间产生的，他喜欢这种令人愉快的不经意。布鲁纳确实证实了一点："这么多年以来，我认为我的兔子肯定变得更加人性化。"[38]无论成年人的想法如何，《米菲》对孩子来说是具有突破性的，这是有别于当时其他那些烦冗的儿童绘本的一剂可爱的、带有现代主义色彩的替代品和解毒剂。

《米菲在雪中》和《米菲在海边》与《圣诞节》系列同时出版。同一时期，《米菲》和《米菲在动物园》也出版了新的版本。1965年，"Nijntje"被翻译成英语，"Miffy"。译者奥利芙·琼斯在与布鲁纳交谈时，尝试了听起来像是一只兔子的声音的各种单词，提出了"Miffy"的想法。故事线也发生了变化。布鲁

左上图
《米菲在雪中》，1963年

右上图
6岁的布鲁纳和表姐琼

上图
《圣诞节》，创作于1963年，是布鲁纳所有设计规则中的例外：长方形，散文格式，使用衬线字体，并且没有使用标准的布鲁纳色彩进行印刷

纳从而开始在文字中使用一些角色的直接语言，以让读者们感受到故事情节中包含的更多内容，这是一个非常重要的发展。

　　和他早期的封面设计一样，字体仍然是布鲁纳唯一全然借鉴的元素。他一直使用无衬线字体——正如威廉·桑德伯格所倡导的那样，因为这种字体具有简约的外观。没有任何大写字母，这是为了确保版面上的文字不会与插画冲突，整个版面都没有花里胡哨的字体符号。布鲁纳做了他认为正确的事情，他的内心一直是一个4岁的孩子，一直做着自己认为正确的事情，利用这一路走来所学到的一切。他已经将米菲带上了一条成为全世界最著名的兔子的道路，尽管当时他对这一点尚且浑然不知。

作家和插画家

1955年，布鲁纳勉为其难地接受了担任布鲁纳出版公司副总裁一职。但是这并没有给他的日常工作带来太多改变。他巧妙地躲避了任何与出版社日常经营所相关的业务，为了远离楼下的大办公室，他仍然留在位于建筑顶层的充满创意色彩的工作室工作。他通过绘制插画——这种富有创造力的方式来表达自己，并且从未参与"我父亲的公司"的任何与财政相关的业务——关于这一点，他从未妥协。1966年，艺术总监亚普·罗米吉——他既确保公司不会全然陷入商业利益之中又保证公司市场商业方面的运作，他离开了布鲁纳出版公司，因为他接受了一份更具有创造性的工作——他成为位于吕伐登的公主宫陶瓷博物馆的馆长。

1970年，布鲁纳担任公司艺术总监一职，逐步放弃了设计书籍封面的工作，他的工作重心是监管整个平面设计部门。科幻小说是当时最时髦的流派，而布鲁纳对此兴趣不大。"我读不下去，我觉得这太难了"。[39]他借此进一步远离出版社的日常工作，干脆从出版社顶层的工作室中搬了出来。1975年，出版社经历了一段低迷的时期，布鲁纳彻底辞职了。

德钟平面印刷公司有这样一项开放政策：设计师们可以来此见面交流。这是布鲁纳最接近设计师社交俱乐部的场所，在那里他们可以讨论海报和设计，还可以观看印刷后的效果。在这里，他与一些第二次世界大战后的荷兰平面设计方面的领军人物进行了交谈，包括奥托·特罗伊曼，简·邦斯和赫拉德·韦纳尔。[40]

作为德钟平面印刷公司的内部合作者及好友的彼得·布拉特加，向布鲁纳提供了另一个好处。随着越来越多的客户要求在各种商品上使用布鲁纳的插画，布拉特加对布鲁纳所创作的角色的完整性和作为艺术品的质量有了更深的了解和认识。于是在1971年，这两位好友创立了梅西斯出版公司，该公司的主要业务在于监管布鲁纳所创作角色的衍生商品的经营活动。布拉特加因此成为米菲的正式监护人，同时也是布鲁纳作品、色彩及版权的受委托人。此时，这两位合作伙伴根本未曾料想这将成为一项全球范围的经营业务。值得庆贺的是，布鲁纳再一次得以远离公司的日常经营，而专注于他的艺术创作。

万事俱备，此时布鲁纳可以专注于他的创作，并接受其他工作的委托。1969年，布鲁纳为荷兰国家邮政电报电话服务系统设计了5张系列邮票，并于1972年为莱申丹的一家新医院的儿童病房绘制壁画。布鲁纳的业务在20世纪70年代得到了进一步的发展，他先后为包括国际特赦组织在内的儿童慈善机构绘制插画，还继续为包括联合国儿童基金会（UNICEF）在内的本地及国际组织设计和绘制海报。乌特勒支市以及当地的企业是他的艺术实践的直接受益者。为此，他于2007年获得了乌特勒支市的特殊金色勋章。

布鲁纳所受到的艺术灵感的启发不仅来自艺术家们和设计师们，还来自周遭的一切人和事物，甚至包括镜子里的自己。小猪波普伊的灵感来自于深受他的孩子们喜爱的一位老师。起初，这位老师并不十分确定自己享此殊荣，可后来她渐渐爱上了自己在这个绘本中的化身。小狗史努菲可以被认为一半是米菲，另一半是布鲁纳自己。那双纯洁清澈的眼睛和像一对八字胡的鼻子可能是属于布鲁纳的那部分。小熊鲍里斯的形象是布鲁纳的自画像，相当于他的另一个自己，这是一个害羞而友善的小家伙，它很幸运地得到了一位姑娘芭芭拉的照顾。芭芭拉既聪明又能干。"这就是我家的样子。"布鲁纳承认道。[41]鲍里斯这个形象是布鲁纳在法国的时候跳入脑海中的，当时他正在避暑别墅附近的森林外面。布鲁纳甚至在外出购物的时候，也会产生一些关于绘本的想法。"没有什么可以比法国集市的色彩和气味更好了。"[42]故事的灵感总是来自家里或是个人记忆，这些情节反映了他和三个孩子的生活经历。布鲁纳如果不工作，就会变得烦躁不安，伊雷妮经常不得不把他送到工作室去。

与此同时，米菲也引起了伊雷妮的注意。孩子们很喜欢这只小兔子，以及它的日常生活——就像他们自己的日常生活一样。布鲁纳并没有放弃为其他角色和灵感创作绘本，然而这个害羞的人不得不面对公众了。这些活动包括学校访问、访谈、国外出

上图

摘自《小熊鲍里斯的船》，1996年

差、回复热心读者的信件，以及签署各种委托合同。如今，他的
签名成了一个连在一起的词，"DickBruna（迪克布鲁纳）"。
这些年来，布鲁纳的大型作品展从东京开到巴黎。2015年，荷兰
国立博物馆举办了他的作品回顾展，这个展览将布鲁纳60年来的
艺术和平面设计成果放置于艺术史的语境中并进行了回顾。正如
自2016年开始担任国立博物馆总经理一职的塔科·迪比兹所言：
"你会发现布鲁纳的'风格变化发展'成为传统艺术史的一部
分：从萨恩雷丹到弗美尔，再到蒙德里安。"[43]

上图
摘自《鲍里斯在雪中》，1994年

艺术家的工作室生涯

从战争时期喜欢坐在窗边遐想，到马蒂斯的彩色玻璃窗，再到绘本和印刷作品中的窗户，布鲁纳一直对窗户有所偏爱，因为它们具有象征意义和现实价值。"窗户始终让我着迷，因为它们提供了构图的框架和视角。从内部角度来看，外部世界从一个点进入了内部世界。而透过窗户往外看，外部世界则能更轻易地让人理解。"[44]正方形绘本就像是通向这些书中角色的世界的窗户，为读者带来了愉悦和幸福感。

站在旁观者的角度来看，布鲁纳的工作室为人们了解他的生活和工作提供了一个窗口。直至今日，参观工作室的游客们仍然可以感受到他的存在。在布鲁纳的一生中，他先后在乌特勒支拥有过3个工作室：布鲁纳出版公司大楼的顶层，1970年离开了这

左图和第93页图
遗留在厨房桌子上的为伊雷妮画的手绘

92

里；捏维格拉特街道15号；1981年搬至耶路撒冷街3号。最后的这间工作室被精确复制到乌特勒支中央博物馆内的顶层。

除了陪伴他的家人，工作室的生活便是布鲁纳的全部。一周之中，他会有6天甚至7天的时间在工作室工作。每天早晨，他会在5点半左右起床，为伊雷妮榨一杯橙汁，然后为她创作一些手绘以供她在吃早餐的时候看，手绘的内容通常与她一天或者是前一天所发生的事情有关。伊雷妮保留了所有图稿。

此时，孩子们仍在自己的卧室里熟睡。每个卧室都被涂上了孩子们自己喜欢的颜色：谢尔克的卧室是绿色的；马克的卧室是蓝色的；马德隆的则是红色的。[45]

然后他会骑着自行车出发。"对我来说，幸福就是清晨早早地骑上我的自行车前往工作室。"[46]在将近60年的时间里，这成为他十分熟悉的一个景象：骑着自行车穿过古老的铺满鹅卵石的街道，经过里特韦尔所设计的建筑，这给他带来了很多的愉悦和

右图
布鲁纳位于乌特勒支耶路撒冷街的工作室

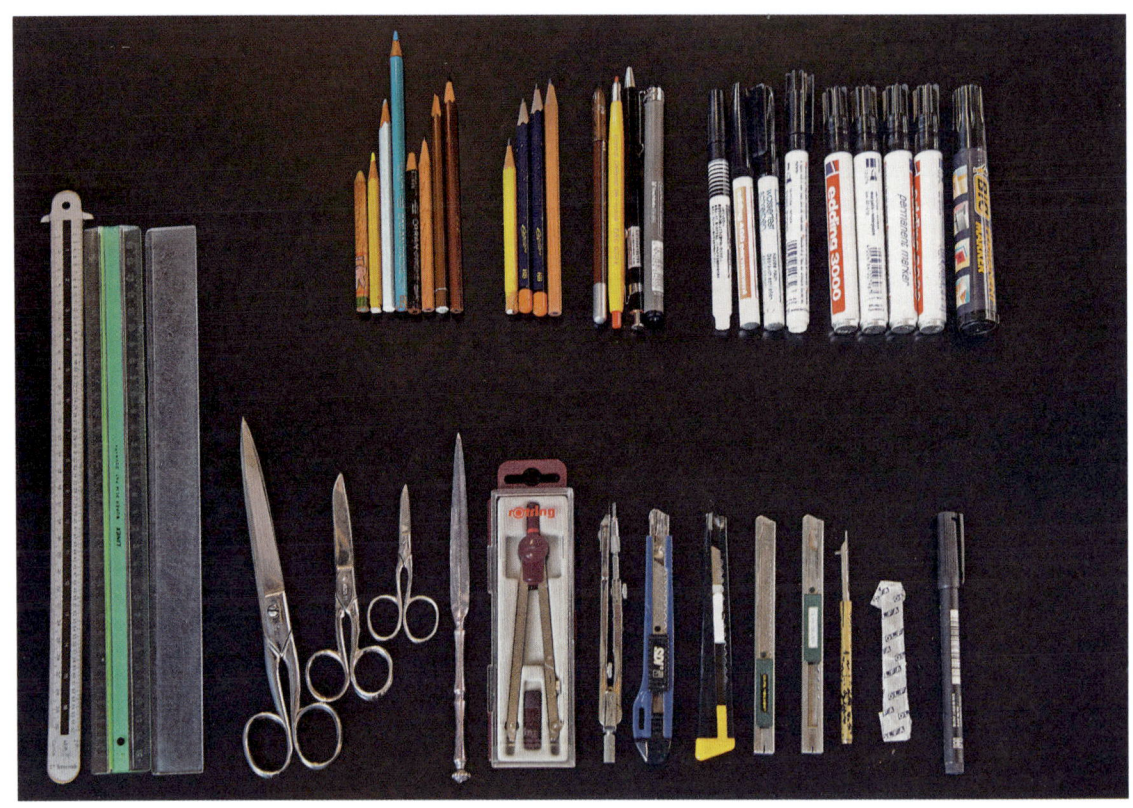

启发。然后，他会停下来喝咖啡看报纸。

接着，他坐到自己的办公桌前，怀着同样的紧张感开始一天的工作。"我每天都会尝试比昨天做得更好。"在完成上午的绘画工作以后，他会回到家中与伊雷妮共进午餐。在返回工作室以后，他会用整个下午的时间来检阅自己之前所作的绘图，在必要的地方进行重新绘制和修改。"我花费了很长时间使我的绘图尽可能的简单，在此过程中我摒弃了许多内容，直到我自己认可为止"。[47]

在绘制和剪裁绘图的时候，布鲁纳会同时听着他所钟爱的法国音乐。但是当他专注于故事情节时，就会将音乐关掉，以免干扰叙述节奏。多年来，人们一直猜测布鲁纳是作家。但是用谢尔克·布鲁纳的话来说："我的父亲是一位讲故事的人。"[48]这些插画的作用原理也许可以比作象形文字，但是这些绘本更应该被视为一个整体，因为它们是能够引起孩子们共情的文本。布鲁纳总是先将绘图的部分彻底完善，然后再开始创作文本，尽管这些叙

上图
布鲁纳的办公桌和办公用品

96

右图
《米菲在学校》，1984年

述在他的脑海中已经出现了无数次。这样操作（无论是否有意）的结果是，提供了多重"阅读"他的绘本作品的方式。

布鲁纳会在大约五六点钟的时候回家吃晚饭，还会喝上一杯葡萄酒。"那可是我非常喜欢的东西"。[49]然后他会在9点钟就早早上床睡觉。无论他后来变得多么富有和成功，这都是布鲁纳情有独钟的生活习惯。他就是爱"待在家里"。[50]

如果对绘画感到不自信，那么他在对伊雷妮谈及和展示一本新书的时候，就会非常紧张。"这就像是参加考试。我凝视着她，从她的脸上我可以得到答案——对还是不对。"[51]如果这本书得到了她的肯定，那么它就进入了下一个阶段——印刷和出版；如果没有，它就从此被放到抽屉里去。也许在将来的某个时刻被重新拾起和考量。在那些计划箱抽屉里，人们会发现许多剪裁过的不同形状的原色彩纸出现在其后来出版的绘本之中。

他的工作室的墙壁上贴满了来自粉丝和热心读者的来信及绘

上图
布鲁纳的计划箱抽屉柜的俯视图

第99页图
米菲博物馆的阅读室，乌特勒支，
2015年

画。有一封信显得尤为突出，它来自于《花生漫画》连载的作者查尔斯·舒尔茨。尽管他们只见过一次，但是却像老朋友一样快乐地聊了好久，后来，他们成为笔友。舒尔茨向他展示了如何用一只手握住另一只手来画直线，但他从未需要使用这种方式来画出属于他自己的独特而敏感的线条。

工作室的书架上摆满了布鲁纳被翻译成其他语言的绘本及其他儿童读物，包括罗阿尔德·达尔，路德维格·贝梅尔曼斯，托米·昂格雷尔和约翰·伯宁罕等作家的作品。

来自世界各地的米菲的粉丝们寄来了成千上万的礼物。正如他们所期望的那样，所有的礼物都被安排得井井有条。如果访客来了，工作室会用茶和荷兰饼干来招待他们。布鲁纳希望他的访客能够守时，但是他从未表现出任何不礼貌，他那双闪烁的眼睛也永远不会透露出他内心更想结束这场约见而回到办公桌前的意愿。

某个夏日，布鲁纳按照惯例骑着自行车外出，他突然停下，从自行车上跳了下来。人们并不知道发生了什么，人们以为这位画家只不过是停下来做一些这样或那样的笔记——他们对此司空见惯。然而这一次，布鲁纳暂停了呼吸。从医生那里所证实的情况则更加严重——他需要安装起搏器。至此，他决定不再去工作

第100页图
布鲁纳的字母，墙面装饰，"九十一"设计公司，荷兰

下图
布鲁纳的孩子们的邮票，荷兰，2005年

室了。尽管他的家人们好言相劝，并对他的这一决定感到十分意外，但是他很坚定，没有被说服。他已经下定了决心，如果他无法全力以赴，那就不想再继续工作了。

这是2011年的一个阳光明媚的夏日，布鲁纳仔细地将他的铅笔、钢笔、画笔和剪刀一一摆放好，就像往常一样，他总是这样为第二天的工作准备好所有的工具。他将工作室的门锁上，骑上自行车回到家中。从此，他再也没有回到工作室工作。

2017年2月16日，布鲁纳在睡梦之中安然地离开了人世。截至他去世之时，他一共创作了124本插画书，其中32本是以米菲为主题，被翻译成50多种语言文字。这只小兔子已经成为一个产业，布鲁纳已经成为一位国际明星，他的影响力已经远远超出了儿童绘本的范畴。他的作品的色彩、空间，以及精心编辑的文字

上图
摘自《米菲的自行车》，1982年

和完整的控制力，不同时代和不同艺术学科对此有彼此矛盾却又合理的诠释与解读。迪克·布鲁纳创造了这样一个角色——可以与我们所有人对话的角色。这是一个相当了不起的成就。

"只有死亡才可以让我停止作画。"[52]

然而这并非故事的结局。米菲的绘本也许已经就此完结，而米菲的灵魂仍继续前行。布鲁纳的遗产得以延续。他的书籍仍然在成千上万次被再版。在电影、音乐剧、展览和商品中，那些不同大小的原色图形，仍然随处可见。

布鲁纳博物馆正对中央博物馆正式对外开放。翻修后，化身为米菲博物馆重新对外开放。该博物馆陈列着1200多件作品。对于喜欢米菲的孩子们来说，这是一个梦幻般的仙境；对于布鲁纳的粉丝来说，这是一颗闪耀的北极星。

如果布鲁纳可以为自己的人生故事设计封面，他会选择使用何种剪裁过的轮廓？是一辆自行车？是剪刀和精心修剪的画笔，被放置在正方形窗户格上？也许还会贴上蓬松的小胡子？徽标是小兔子还是熊呢？尽管这个封面并不存在，但1997年出版的《米菲在画廊》仿佛就是这样一部回忆录。里面的12幅插画不仅展现了布鲁纳的影响力，还展现了他顽皮的性格和对艺术的终生热爱。其中一幅插画中马蒂斯的名作《捆绑》（这也是布鲁纳最喜爱的艺术作品之一）中的那叶子被米菲的兔子头所代替。在这幅十分罕见的以米菲的背影为主题的画中，可以看到米菲正仰头凝视着这幅画，虽然只能看到她的后脑勺，但也能感受到它脸上的喜悦和惊奇。这幅画讲述了我们所想了解的关于艺术家迪克·布鲁纳的一切。

下图
迪克·布鲁纳，2010年

附注

1. 丽莎·阿拉迪斯，《兔子的爱》，《卫报》，2006年2月15日

2. 埃拉·雷斯玛和谢斯·尼乌文赫伊斯赞，《象形天堂：迪克·布鲁纳的作品》，梅西斯出版公司，1991年，第12页

3. 《简单的布鲁纳》，荷兰电视台—荷兰广播电台—沃斯达影院集团，1995年

4. 乔克·林德斯、库斯耶·西尔曼，伊沃·德·威斯、特鲁斯耶·弗罗兰·洛布，《迪克·布鲁纳》，万德出版社，荷兰兹沃勒及梅西斯出版公司联合出版，2006年，第73页

5. 霍雷希娅·哈罗德，《电讯报》，2008年7月31日

6. 本杰明·塞克，"我看见马蒂斯——并想到了米菲"，《电讯报》，2006年12月9日

7. 雷斯玛，《象形天堂》，同上，第16页

8. 林德斯等，《迪克·布鲁纳》，同上，第18页

9. 雷斯玛，《象形天堂》，同上，第18页

10. 霍雷希娅·哈罗德，《电讯报》，2008年7月31日

11. 本杰明·塞克，《电讯报》，2006年12月9日

12. 卡洛·费尔贝克，《迪克·布鲁纳，艺术家》，第56页。与本书出版同时举办的以"迪克·布鲁纳，艺术家"为题的作品展，阿姆斯特丹国立博物馆，2015年8月27日至11月15日

13. 同上，第27页

14. 阿拉斯泰尔·苏克，《电讯报》，2010年4月27日

15. 阿拉斯泰尔·苏克，《亨利·马蒂斯：第二人生》，引自阿拉斯泰尔·苏克所撰写的"亨利·马蒂斯如何创作杰作"一文，《电讯报》，2014年4月15日

16. 《简单的布鲁纳》（纪录片），同上

17. 露西·戴维斯，"跳跃的回归：米菲60岁"，《电讯报》，2015年6月20日

18. 雷斯玛，《象形天堂》，同上，第32页

19. 《简单的布鲁纳》（纪录片），同上

20. 塞利娜·吕滕，《与迪克·布鲁纳的对话》，阿特拉斯，阿姆斯特丹，2011年

21. 雷斯玛，《象形天堂》，同上，第48页

22. 林德斯等，《迪克·布鲁纳》，同上，第407页

23. 同上，第400页

24. 费尔贝克，《迪克·布鲁纳，艺术家》，同上，第54页

25. 林德斯等，《迪克·布鲁纳》，同上，第325页

26. 西姆农的信件，布鲁纳的私人收藏，梅西斯出版公司

27. 雷斯玛，《象形天堂》，同上，第48页

28. 同上，第28页

29. 道格拉斯·马丁，《纽约时报》，2002年11月1日

30. 雷斯玛，《象形天堂》，同上，第54页

31. 《简单的布鲁纳》（纪录片），同上

32. 迪克·布鲁纳，《海边的米菲》，帕特里夏·克兰普顿翻译，世界国际出版社，1997年

33. 雷斯玛，《象形天堂》，同上，第56页

34. 同上

35. 林德斯等，《迪克·布鲁纳》，同上，第38页

36. 本杰明·塞克，《电讯报》，2006年12月9日

37. 卡琳·范茨维腾，《米菲60年，庆祝米菲诞辰60周年》，梅西斯出版公司，2015年

38. 《图标和灵感》，人因工程电视台，由梅西斯出版公司委托拍摄，2005年。霍雷希娅·哈罗德，《电讯报》，2008年7月31日

39. 霍雷希娅·哈罗德，《电讯报》，2008年7月31日。

40. 林德斯等，《迪克·布鲁纳》，同上，第408页

41. 同上，第292页

42. 同上，第276页

43. 塔科·迪比兹，《纽约时报》，2017年2月20日

44. 林德斯等，《迪克·布鲁纳》，同上，第221页

45. 露西·戴维斯，《电讯报》，2015年6月20日

46. Miffy.com网站，版权归梅西斯出版公司所有

47. 尼娜·西格尔，《纽约时报》，2017年2月20日

48. 露西·戴维斯，《电讯报》，2015年6月20日

49. 丽莎·阿拉迪斯，《卫报》，2006年2月15日

50. 雷斯玛，《象形天堂》，同上，第72页

51. 丽莎·阿拉迪斯，《卫报》，2006年2月15日

52. 本杰明·塞克，《电讯报》，2006年12月9日

参考书目

迪克·布鲁纳所撰写或绘制的图书

Titles are as they appear on the Dutch edition (with English translation) and the year is that of first publication in the Netherlands. English editions of the books do not always exist and sometimes have different titles.

de appel (The apple), 1953 (second version, 1959)

toto in volendam, 1955

nijntje (Miffy), 1955 (second version, 1963)

nijntje in de dierentuin (Miffy at the zoo), 1955 (second version, 1963)

kleine koning (The small king), 1955

tijs, 1957

de auto (The car), 1957

het vogeltje (The bird), 1959

poesje nel (Kitty Nell), 1959

fien en pien (Tilly and Tessa), 1959

het ei (The egg), 1962

de koning (The king), 1962

circus, 1962

de vis (The fish), 1962

nijntje in de sneeuw (Miffy in the snow), 1963

nijntje aan zee (Miffy at the seaside), 1963

kerstmis (Christmas), 1963

de school (The school), 1964

de matroos (The sailor), 1964

ik kan lezen (I can read), 1969

ik kan nog meer lezen (I can read more), 1969

assepoester (Cinderella), 1966

klein duimpje (Hop-O'-My-Thumb), 1966

roodkapje (Red Riding Hood), 1966

sneeuwwitje (Snow White), 1966

b is een beer (B is for bear), 1967

boek zonder woorden (A story to tell), 1968

telboek (I can count), 1968

snuffie (Snuffy), 1969

snuffie en de brand (Snuffy and the fire), 1969

nijntje vliegt (Miffy goes flying), 1970

het feest van nijntje (Miffy's birthday), 1970

telboek 2 (I can count more), 1972

mijn hemd is wit (My vest is white), 1972

dierenboek (Animal book), 1972

dieren uit ons land (Animals from our land), 1972

dieren uit andere landen (Animals from other countries), 1972

boek zonder woorden 2 (Another story to tell), 1974

ik ben een clown (I am a Clown), 1974

bloemenboek (Flower book), 1975

nijntje in de speeltuin (Miffy at the playground), 1975

nijntje in het ziekenhuis (Miffy in hospital), 1975

ik kan nog veel meer lezen (I can read much more), 1976

ik kan moeilijke woorden lezen (I can read difficult words), 1976

basje gaat logeren bij kinderneurologie (Basje goes to stay at the children's neurology department), 1977

betje big (Poppy Pig), 1977

de tuin van betje big (Poppy Pig's garden), 1977

verjaardagboekje t.b.v. UNICEF (Birthday book), 1979

nijntjes droom (Miffy's dream), 1979

betje big gaat naar de markt (Poppy Pig goes to market), 1980

heb jij een hobbie? (When I grow up), 1980

ik kan sommen maken (I can do sums), 1980

ik kan nog meer sommen maken (I can do more sums), 1980

jeroen heeft hemofilie (Children's haemophilia book), 1980

rond, vierkant, driehoekig (Round, square, triangular), 1982

jan (Farmer John), 1982

nijntje op de fiets (Miffy's bicycle), 1982

de redding (The rescue), 1984

wij hebben een orkest (The orchestra), 1984

nijntje op school (Miffy at school), 1984

sportboek (My book of sports), 1985

wie zijn hoed is dat? (Whose hat is that?) 1985

wie zijn rug is dat? (Back to front), 1985

lente, zomer, herfst en winter (Spring, summer, autumn, winter), 1986

de verjaardag van betje big (Poppy Pig's birthday), 1986

de puppies van snuffie (Snuffy's puppies), 1986

nijntje gaat logeren (Miffy goes to stay), 1988

opa and oma pluis (Grandpa and Grandma Bunny), 1988

stoeprand...stop! (Stop at the kerb!), 1988

iris een boek zonder woorden (Iris a book without words), 1988 (revised edition, 2000)

boris beer (Boris Bear), 1989

boris en barbara (Boris and Barbara), 1989

boris op de berg (Boris on the mountain), 1989

de schrijfster (The authoress), 1990

lotje (Lottie), 1990

nijntje huilt (Miffy is crying), 1991

het huis van nijntje (Miffy's house), 1991

het feest van tante trijn (Auntie Alice's party), 1992

boris in de sneeuw (Boris in the snow), 1994

boris, barbara en basje (Boris, Barbara and Benny), 1994

betje big is ziek (Poppy Pig is sick), 1994

eegje egel (Hettie Hedgehog), 1995

boe zegt de koe (Moo says the cow), 1995

nijntje in de tent (Miffy in the tent), 1995

wat wij later worden (What we're going to be), 1996

het haar van de pop is rood (The dolly's hair is red), 1996

de boot van boris (Boris Bear's boat), 1996

lieve oma pluis (Dear Grandma Bunny), 1996

weet jij waarom ik huil? (Do you know why I am crying?), 1997

nijntje in het museum (Miffy at the gallery), 1997

betje big gaat met vakantie (Poppy Pig goes on holiday), 1998

betje big gaat met vakantie (Poppy Pig's shop), 1998

ruben en de ark van noach (Caleb and Noah's ark), 1998

nijntje en nina (Miffy and Melanie), 1999

pim en wim (Ping and Bing), 1999

boris en de paraplu (Boris and the umbrella), 1999

meneer knie (Mister Knee), 2000

het spook nijntje (Miffy the ghost), 2001

nijntje de toverfee (Miffy the fairy), 2001

nijntje danst (Miffy dances), 2002

boris de piloot (Boris the pilot), 2002

de verkleedkist van barbara (Barbara's clothes chest), 2002

boris de kampioen (Boris the champion), 2003

de brief van nijntje (Miffy's letter), 2003

kleine pluis (The new baby), 2003

een lied voor betje big (A song for Poppy Pig), 2004

de tuin van nijntje (Miffy's garden), 2004

snuffie is zoek (Snuffy is missing), 2005

boris en ko (Boris and Ko), 2005

nijntje in luilekkerland (Miffy in lolly land), 2005

boris doet de boodschappen (Boris does the shopping), 2005

een fluit voor nijntje (A flute for Miffy), 2005

vogel piet (Peter Bird), 2006

hangoor (Flopear), 2006

koningin nijntje (Queen Miffy), 2007

een maatje voor snuffie (A friend for Snuffy), 2008

nijntje is stout (Miffy is naughty), 2008

een cadeau voor opa pluis (A present for Grandpa Bunny), 2009

knorretje (Grunty), 2010

op de step (On my scooter), 2010

knorretje en de oren van nijntje (Grunty Pig and Miffy's ears), 2011

ezelsoor (Donkey's ear), 2012

关于迪克·布鲁纳的书籍和文章

Allardice, Lisa, 'Bunny love', The Guardian, 15 February 2006

Harrod, Horatia, 'Dick Bruna talks about his life and work', The Telegraph, 31 July 2008

Kohnstamm, Dolf, The Extra in the Ordinary: Children's Books by Dick Bruna, Mercis bv, 1976

Linders, Joke, Koosje Sierman, Ivo de Wijs and Truusje Vrooland-Löb, Dick Bruna, Waanders Publishers, Zwolle/Mercis Publishing bv, Amsterdam, 2006

Reitsma, Ella and Kees Nieuwenhuijzen, Paradise in Pictograms: The Work of Dick Bruna, commissioned by Mercis bv, Amsterdam, 1991

Secher, Benjamin, 'I saw Matisse – and came up with Miffy', The Telegraph, 9 December 2006

Verbeek, Caro, Dick Bruna. Artist, published to accompany the exhibition Dick Bruna. Artist, Rijksmuseum, Amsterdam, 27 August – 15 November 2015

Zwieten, Karin van (ed.), 60 Years of Miffy, A Celebration of Miffy's 60th Anniversary, Mercis bv, 2015

年表

1927 年，迪克·布鲁纳出生于乌特勒支

1943 年，创作了自己的第一本书《贾皮》

1946 年，为其父亲的布鲁纳出版公司和佐恩出版社设计第一个书籍封面

1947 年，设计了他的第一张海报

1952 年，在布鲁纳出版公司任职书籍封面和海报设计师

1953 年，出版了他的第一本儿童插画书《苹果》。迎娶了伊雷妮

1954 年，他们的儿子谢尔克出生

1955 年，第一本以正方形格式出版的《米菲》问世

1956 年，为《黑熊》系列丛书设计了第一张海报

1958 年，儿子马克出生。收到了关于《黑熊》海报的订单报价

1959 年，正式为他的绘本确立了正方形格式（15.5 厘米 x 15.5 厘米）

1961 年，女儿马德隆出生

1963 年，新版《米菲》以正方形格式出版。英译版由梅休因出版社在英国出版

1964 年，《米菲》系列在日本翻译出版，并在 4 年之内翻印了 16 次

1969 年，为荷兰国家邮政电报电话服务系统设计了 5 张系列邮票

1971 年，梅西斯出版公司成立，最初公司的主营业务是制作睿思公司研发的拼图

1972 年，为荷兰莱申丹一家新医院的儿童病房绘制壁画

1975 年，为国际特赦组织设计贺卡

1977 年，在阿纳姆市立博物馆举办了米菲展览；布鲁纳首次成为博物馆艺术家

1980 年，受皇家维多利亚医院委托，在泰恩河畔纽卡斯尔制作了儿童血友病插画书，这是一本突显这种疾病的危险的故事书

1983 年，被授予"荷兰奥兰治·拿骚骑士勋章"

1986 年，为乌特勒支市设计市徽"乌特勒支——让我心动的城市"，沿用至今

1987 年，佩戴着乌特勒支市荣誉徽章庆祝自己的 60 岁生日

1990 年，因绘本《小熊鲍里斯》获得"金画笔奖"，他所创作的所有作品获得了"蒂梅图书奖"（D. A.Thiemeprijs，译者注：这是为了表彰在荷兰书籍交易中表现出色的个人或组织所设立的奖项）

1991 年，在巴黎乔治蓬皮杜艺术中心举办作品回顾展。《米菲在海边》首次以荷兰文和英文出版，以纪念梅西斯出版公司成立 20 周年

1992 年，根据绘本中的故事，荷兰电视台首次制作并播放了 52 部短片

1994 年，他的儿子马克创作了米菲的青铜雕像，矗立在乌特勒支市

1995 年，为皇家 PTT 邮政公司设计了圣诞节邮票和相关产品。因书籍封面和海报设计获得了由梅西斯出版公司所设立的"沃克曼奖"

1996 年，作品回顾展，《成功的气味》，格罗宁格博物馆。在阿姆斯特丹开设第一家米菲商店。凭借《米菲在帐篷中》中的插画获得"银画笔奖"

1997 年，成为第一个为日本邮政部设计一系列邮票的非国民公司。凭借《亲爱的兔子奶奶》中的文本获得"银画笔奖"

1999 年，作为荷兰与日本之间贸易关系建立 400 周年的一部分，《迪克·布鲁纳世界巡回展览》在日本展出两年，吸引了 37 万名参观者

2000 年，入选吉尼斯世界纪录大全，因为以米菲的形象制成的贺卡收发数量创造了纪录（来自 80 多个国家和地区的 3.8 万张贺卡）。在乌特勒支中央博物馆举办作品回顾展。应荷兰书籍促进基金会的要求创作书籍《驴的耳朵》

2001 年，音乐剧《米菲》首演。出版了他的第 100 本儿童读物。被授予"荷兰狮子骑士勋章"，这是可授予荷兰平民的最高荣誉

2002 年，设计"世界艾滋病日"徽标，作为"立即阻止艾滋病"运动的一部分

2003 年，在美国的"画笔工厂"儿童博物馆举办互动展览

2004 年，伦敦大奥蒙德街医院创建了米菲病房，这是有史以来第一个以人物为主题的病房。米菲被任命为纽约市家庭旅游大使，以吸引家庭游客们在 9·11 事件之后回到这座城市游览

2005 年，第一枚米菲硬币由荷兰皇家造币厂铸造产生

2006 年，"迪克·布鲁纳工作室"（作为中央博物馆的一部分）在乌特勒支开放，并永久陈列着 1200 幅原创作品。美国埃里克卡尔博物馆举办了《荷兰美食：荷兰的当代插画》为主题的作品展，该展览展出了包括布鲁纳在内的 13 位艺术家的作品。在伦敦举办英国巡回作品展《生日快乐，米菲！》，这是 V&A 儿童博物馆重新开放后的首个展览。万德斯出版社出版了荷兰语和英语版的传记《迪克·布鲁纳》

2007 年，庆祝自己的 80 岁生日。为联合国儿童基金会设计了一个特殊的插画。被授予乌特勒支市的特殊金色徽章

2008 年，为纪念布鲁纳出版公司成立 140 周年设计《黑熊》封面——在过去的 40 年中，这是他第一次再次为《黑熊》设计封面。成为安德鲁·祖克曼"智慧项目"的一员，这个项目会集了全球 75 位不同学科领域最杰出的长者

2010 年，参与了由欧文·奥拉夫所拍摄的纪录片《追求卓越的旅程》，这部纪录片是为了向荷兰各个领域中的佼佼者致敬，现在已成为国立博物馆的永久收藏之一

2011 年，为国立博物馆印刷室长期提供 120 幅选作。在中央博物馆举办《米菲在时尚界》作品展。这一年夏天退休。米菲成为国际儿童博物馆奖的标志，该奖项的奖杯是乌特勒支市青铜米菲雕像的缩比例模型

2013 年，《米菲，电影》在荷兰上映，打破了针对儿童市场的电影的票房纪录

2014 年，第一个室内米菲主题公园在韩国开始营业。设计了米菲运动证书，并与荷兰皇家体操联盟建立起长期合作关系

2015 年，庆祝米菲的 60 岁生日。"迪克·布鲁纳，艺术家"作品展在阿姆斯特丹国立博物馆开幕。60 位国际艺术家各自为米菲艺术游行各自制作和装饰了一个 1.8 米高的米菲雕像。所有这些雕像作品都在联合国儿童基金会展出和拍卖。米菲成为 2015 年乌特勒支环法自行车赛大赛冠军的吉祥物。"工作室：迪克·布鲁纳"被安置在中央博物馆内，这是布鲁纳艺术工作室的真实复制品，他在这座工作室里工作了数十年

2016 年，乌特勒支市的"迪克·布鲁纳故居"以米菲博物馆的身份重新开放。布鲁纳被授予"马克思·维尔修思奖"（Max Velthuijs），这是一本针对儿童绘本画家的终身成就奖，每三年颁发一次

108

2017 年，布鲁纳逝世于 2 月 16 日

2018 年，《迪克·布鲁纳的黑暗面》作品展在
鹿特丹艺术博物馆开幕，展示了《黑熊》
系列的 350 多幅原创作品

2019 年，为了庆祝"伦勃朗年"，梅西斯出版
公司和荷兰国立博物馆共同出版了《米
菲 X 伦勃朗》一书的荷兰语和英语版。
在韩国首尔的阿不思画廊举办作品展

2020 年，世界各地庆祝米菲诞辰 65 周年

致谢

这是一本关于迪克·布鲁纳的书，因此它的完成要归功于他的家人：伊雷妮、谢尔克、马德隆和马克，以及他的第二家庭——梅西斯出版公司，特别是卡琳·范茨维腾、斯泰恩·范格罗尔和马嘉·克尔克霍夫。我们还要感谢丛书编辑昆丁·布雷克和克劳迪娅·泽夫以及泰晤士&赫德逊出版社的内部团队，还有朱莉娅·麦肯齐和安伯·侯赛因及他们所表现出的友善、耐心、一丝不苟。感谢怀利事务所的萨拉·查尔方特和卢克·英格拉姆的鼓励和帮助。还要感谢乌特勒支的中央博物馆和米菲博物馆。最后，感谢我们的孩子阿莉韦和特德。

图片来源

对本书有重要贡献的人

布鲁斯·英格曼（Bruce Ingmah）是一位获奖作家和插画家。他长期与艾伦·阿尔伯格（Allan Ahlberg）合作，创作了《逍遥的晚餐》（The Runaway Dinner），《铅笔》（The Pencil）和《我最差劲的书》（My Worst Book Ever）等作品。他是伦敦大学金史密斯学院的儿童绘本硕士课程的负责人，并且是"插画之家"画廊（House of Illustration）的大使。

拉莫娜·赖希尔（Ramona Reihill）曾多年从事儿童读物编辑工作，负责并整理包括《米菲》在内的许多书籍。最近，她以主持人和写作导师的身份加入了创意写作慈善机构"文字战争"组织。

昆丁·布雷克（Quentin Blake）是英国最杰出的插画家之一。他在皇家艺术学院执教20年，并于1978年至1986年间，在该校担任插画系主任一职。布雷克于2013年获得骑士勋章，以表彰他在插画领域的贡献。2014年在法国又被授予荣誉军团勋章。

克劳迪娅·泽夫（Claudia Zeff）是一位艺术总监，从事图书封面、杂志及儿童书的插画委托业务多年。她协助昆丁·布雷克创立了"插画之屋"博物馆，现任副馆长。自2011年起，她担任昆丁·布雷克的创意顾问。

索引